给孩子的**历史启蒙书** 少儿彩绘版

中国历史故事

②春秋战国

刘 玲 著

中华书局

图书在版编目(CIP)数据

中国历史故事.春秋战国/刘玲著. —北京:中华书局,2022.7
(中国历史故事)
ISBN 978-7-101-15600-3

Ⅰ.中… Ⅱ.刘… Ⅲ.中国历史–春秋战国时代–儿童读物
Ⅳ.K209

中国版本图书馆 CIP 数据核字(2022)第 011684 号

书　　名	中国历史故事(春秋战国)	
著　　者	刘　玲	
绘　　图	竞仁文化	
丛 书 名	中国历史故事	
责任编辑	刘　三	
责任印制	管　斌	
出版发行	中华书局	
	(北京市丰台区太平桥西里 38 号　100073)	
	http://www.zhbc.com.cn	
	E-mail:zhbc@zhbc.com.cn	
印　　刷	大厂回族自治县彩虹印刷有限公司	
版　　次	2022 年 7 月第 1 版	
	2022 年 7 月第 1 次印刷	
规　　格	开本/787×1092 毫米　1/16	
	印张 6¼　字数 96 千字	
印　　数	1–3000 册	
国际书号	ISBN 978-7-101-15600-3	
定　　价	25.00 元	

精彩的历史，好看的故事

——致读者

几乎每个中国人都知道，中华文明有"上下五千年"之久，现代考古学研究则告诉我们，在五千年之前，中华大地上的聚落和城邑已星罗棋布，不同的群体聚居在各地，共同向文明迈进，最终汇聚成统一而包容的中华文明。今天，我们能从文字记载中考察到的中国历史，最远也可以上溯到那个文明交汇的部落时代——记录在神话与传说中。从远古的三皇五帝，到辛亥革命推翻帝制，几千年来，一代代史家用文字郑重地书写着我们民族的历史，从未间断，这在世界上是独一无二的。

前人为我们留下了数不清的历史文献，这些皇皇史册连缀起一条中国古代历史的长河，映照出了河水中的朵朵浪花——一个个跌宕起伏的故事、一群群生动鲜活的人物……

历史不是尘封的记忆，而是曾经活生生的现实，阅读历史也就是从另一个角度观照现实。人们常说"以史为镜"，读历史，可以让我们从前人的成功与失败中获取经验，总结教训，跳出自身阅历的局限，增长为人处世的智慧。而读中国历史，更能让我们了解中国传统文化，提高文史修养和综合素质，尤其有益于语文学习。

这套《中国历史故事》取材于"二十四史"、《清史稿》、《资治通鉴》等中国古代最重要、最有价值和成就最高的史籍，故事个个有出处。与满篇"之乎者也"的文言文原著不同，它用通俗活泼的语言讲故事，在故事里介绍历史上的重要人物和事件，并配有彩色卡通插图，读起来妙趣横生，一点也不枯燥。

故事后面的"知识卡片"可以让小读者了解每个时代的科技、文学等独特成就，有的篇章还总结了与故事相关的名言名句和源于故事的成语典故，希望小读者可以了解更丰富的传统文化，积累语言素材。部分故事的最后还设置了"你怎么看"环节，鼓励大家读完故事后积极思考，勇敢表达自己的看法，从小培养独立思考的习惯，促进辩证思维和创造思维的发展。

让小读者领略中华民族悠久而动人的历史，了解我们的祖先曾经走过的路，并能从中有所收获，是我们策划这套书的初衷。一代代中国人，正是阅读着这些精彩篇章长大的，而中国文化也正是在历史的阅读中传承与绵延。期待小读者能喜欢上我们这套彩绘版的《中国历史故事》，并且收获多多。

中华书局编辑部

目 录

春秋争霸拉开序幕

诸侯国不再听周天子的话了

西周末年，西北游牧民族犬戎（róng）入侵，周幽王被杀，都城镐（hào）京毁于战火。周平王即位后，在诸侯的帮助下，将周的都城东迁到洛邑（yì）（今河南洛阳）。历史上把东迁之后的周王朝称为"东周"。

周平王迁都洛邑后，天下的局面也在悄悄地发生变化。在接下来的五百年中，周王朝的力量渐渐衰弱，虽然还保留着天子的称号，但事实上，天下诸侯已经不再听他的号令了。各诸侯国都在努力发展自己的力量，天下进入诸侯争霸的春秋战国时期。晋国、卫国、郑国从西、北、东三个方向保卫着周王朝，南面有疆域宽广的楚国，西方的秦国承担着抵御西戎蛮族的重任，东方大地上有燕（yān）国、齐国、鲁国、宋国，长江下游有吴国和越国，还有陈、蔡两个小国夹在几个大国之间来来回回地充当着墙头草。天下各国，彼此之间总是有着你争我夺的摩擦，而各国内部也上演着一出出政权更迭（dié）的大戏。

卫国耀武扬威

　　第一场动乱是由卫国引起的。卫国的国君卫庄公有一个宠妾（qiè）所生的儿子，叫公子州吁（xū），国君溺（nì）爱他。州吁喜欢养兵练兵，这本不是他应该做的事情，可是国君也从不禁止。朝中有一位德高望重的大臣名叫石碏（què），看到这样的情况，就劝说国君："我听说爱自己的孩子，要用礼法来教导约束他。您如果打算让公子州吁当您的继承人，就趁早把他的名分定了。如果您没打算传位给他，就应该阻止他做超越礼制的事情，免得将来引起祸乱。"可是国君没有听石碏的话，还是继续宠溺和放任公子州吁。后来，老国君死了，公子州吁果然犯上作乱，杀了新国君，篡（cuàn）夺了卫国国君的位置。

可是，公子州吁当上国君后，卫国人都不拥护他。州吁想了一个办法：如果我能够打几场胜仗，那还有谁敢不听我的话呢？于是，州吁决定对外打仗，耀武扬威，以巩固自己的国君之位。

当时，郑国国君郑庄公有一个弟弟叫共叔段，和州吁是好朋友，他也打算像州吁一样，夺取哥哥的国君之位。州吁决定借帮助共叔段而去攻打郑国，于是联合了宋国、陈国、蔡国一起去攻打郑国。

这么多诸侯国攻打郑国，郑国毫无悬念地输了。尽管州吁主导的这场战争胜利了，国人依然很讨厌他，州吁很不甘心。

石碏大义灭亲

州吁有一个好朋友,叫石厚,刚好是老臣石碏的儿子。于是,他就让石厚向石碏请教,怎样才能让国人乖乖听话。早在州吁当公子的时候,石碏就看出了他犯上作乱的苗头,只可惜没能阻止祸乱。他还反复告诫自己的儿子,不要跟州吁这样的人同流合污。可石厚不听,打定主意要做州吁的小跟班。

这一次,石碏决定大义灭亲,为国除害。

石碏告诉石厚:"作为一个诸侯国的国君,如果想要得到天下人的认可,首先必须得到周天子的认可。所以,你们应该想办法去朝见周天子。"石厚说:"我们也想去,可是周天子又不是谁想见就能见到的,要是我们去了,他不肯接见我们怎么办?"石碏说:"我给你们指一条明路吧。陈国的国君与周天子的关系非常好,

如果他肯为你们引荐，周天子肯定会愿意见你们的。"州吁和石厚听了石碏的建议，就去陈国拜访。

私下里，石碏派使者带着他的信物，快马加鞭来到陈国。他让使者告诉陈国国君："将要来拜访您的州吁与石厚，是杀害我国先君的乱臣贼子，请您一定要杀掉他们，替我卫国除害。"

石碏是当时非常有名望的老臣，他说的话很有权威。于是陈国国君听从了石碏的请求，抓住了州吁与石厚，并通知石碏到陈国来处置他们，卫国派人杀死了州吁和他的部下，石碏派他的家臣獳羊肩到陈国杀死了石厚。

州吁死后，卫国迎立了新的国君。

（故事源自《左传》）

知识卡片

为什么把这个历史时期称为"春秋时期"？

我们把历史上东周的前半段叫作春秋，为什么要叫这个名字呢？这个名字来源于一本名叫《春秋》的历史书，这本书是鲁国的史官写的，记录了两百多年的历史。因为所记录的这两百多年大致与东周的前半段时间相当，所以就用这本历史书的名字"春秋"来指称这段历史。为什么写历史的书名字叫《春秋》呢？因为一年有春夏秋冬四个季节，春天万物生长，秋天万物收获，所以用"春秋"这个词语来表示岁月。又因为国家大事总是有起因和结果，就像春天种下什么种子，秋天就会收获什么粮食一样，记录历史的人就用"春秋"两个字来指代历史。

故事里的成语　大义灭亲：为了维护正义，对违反国家、人民利益的亲人不徇私情。

溺爱引发的祸乱

郑庄公的童年阴影

郑庄公本应该有一个快乐的童年。他有着令人羡慕的出身：母亲武姜是申国的公主，是父亲郑武公的正妻；他是郑国的嫡（dí）长子，是毫无悬念的继承人。可是他不明白，为什么母亲会这样讨厌他，还给他起了一个令人厌恶的名字，叫"寤（wù）生"（寤有"逆、不顺"的意思）。

在郑庄公的童年记忆里，母亲似乎从来没有对他露出过笑容。他以为，母亲可能就是不喜欢小孩子吧。后来，母亲又生了弟弟，却对弟弟宠爱有加，就算弟弟闯了祸，母亲也从来不舍得责罚。可是就算自己读书再用功，母亲也懒得多看一眼。

原来，当年武姜生庄公的时候遭遇了难产，差一点丢了性命。郑庄公出生是脚先出来的，这也使武姜受到了惊吓，所以武姜很讨厌他，但极为宠爱小儿子共叔段。共叔段从小生活在母亲的溺爱下，性格骄纵，不学无术。即便是这样，武姜还多次向国君郑武公请求，立共叔段为太子。

郑武公是一个深明大义的国君，他说："嫡长子继承，是老祖宗定下的规矩，废长立幼从来没有什么好下场，只会给国家带来祸乱，这个事情你不要再提了。"

共叔段自己害了自己

郑庄公即位后，母亲武姜要求他把制邑这个地方封给共叔段。庄公说："制邑是军事重镇，我不能给段，除了这里，别的地方都行。"于是武姜又要求把京邑封给共叔段，庄公同意了。

共叔段住到京邑后，不合制度地大肆筑城，人称京城太叔。于是有大臣提出谏（jiàn）议，希望郑庄公早做打算。庄公说："我没把制邑给他，已经驳（bó）了母亲的面子了，京邑是母亲坚持要的，我又有什么办法呢？"

大臣说："唉，您的母亲武姜和弟弟段哪里是知道满足的人呢？这一次您满足了他们的要求，他们肯定会得寸进尺的。您看那蔓（màn）延的野草，如果不及时除掉，就会越长越多。还是请您要早下决心啊！"

郑庄公回答说："坏事做得多了，自然会招致灾祸的，我们就静观其变吧。"

后来，共叔段又打起了西边和北边两座边邑的主意。这两座边邑本来是属于庄公的，共叔段要求他们同时也听命于自己。郑庄公就当没看见，没有丝毫阻拦。

又有大臣劝说："一个国家怎么能有两个主人呢？要是您不想当国君了，想把位置让给太叔，那我就去给他做臣子。如果您不打算这样做，就尽早断了他的野心，不要让百姓生出二心来。"

郑庄公回答："不用，他会自己害了自己。"

共叔段看郑庄公一味忍让，就更加放肆地扩充地盘，将原先听命于庄公的许多城邑都收为自己所有，势力眼看着一天天壮大起来了。

大臣再次劝说庄公："您必须要采取行动了，再这样下去，共叔段的势力如日中天，就会有更多的人归附于他，您就打不过他了。"

庄公说："他所做的这些事，不是一个当弟弟和当臣子该做的事，既不符合礼制，又不符合道德。他做得越多，错得越大，他的势力越雄厚，崩坏得就越快，你就等着瞧吧。"

终于，共叔段修筑城墙，储备粮草，制造兵器，排练军队，准备偷袭郑国国都。他的母亲武姜打算作为内应，为他开启城门。

而这一切，都在郑庄公的预料和掌握之中。

郑庄公在得知共叔段发兵的日期后说："时机成熟了，就是此刻。"

于是，他趁着共叔段领兵来袭京城空虚的时刻，派出大军攻打了共叔段的老巢，一举将共叔段的势力歼（jiān）灭了。那些原来归附于共叔段的人，也都纷纷倒戈（gē）。最后，共叔段被驱逐出境，客死异乡。

与母亲和解

战胜了共叔段后，郑庄公去见了一次武姜。母亲很怨恨他，他也对母亲极度失望。于是，他将母亲安置在城颍（yǐng）这个地方，并留下一句话：不到黄泉，不再相见。

可是母亲一直是郑庄公心里解不开的一个结。他总是想起儿时母亲对弟弟的宠爱，母亲亲手缝的衣服、亲手做的点心，母亲在树下摇着弟弟的秋千……这些他都只能远

远地望着,然后回到自己屋里更加努力地读书。现在,弟弟虽然不在了,但是自己不也仍然是一个没有母亲疼爱的孩子吗? 在这场斗争中,没有胜者,两败俱伤。

有一个叫颍考叔的小官听说了这件事,就主动前去给庄公进献礼物。庄公宴请他。宴席上,颍考叔把所有的肉都留下来,想要带走。庄公问他怎么回事,他回答说:"我家中有一位老母亲,平日里只吃过我孝敬她的食物,还没有吃过国君赏赐的肉,我想把这些肉带回去,请母亲尝一尝。"

庄公听了,很伤感地叹了一口气:"唉! 你还有母亲可以孝敬,唯独我没有啊!"

颍考叔故意问道:"这是为什么呢? 您的母亲明明还在世啊。"

庄公就把情况一五一十地告诉了颍考叔,并表示自己很后悔说那样绝情的话。

颍考叔说:"这也不是没有办法。既然您说不到黄泉不相见,那不如就挖一条隧(suì)道,深至泉水,在隧道里母子相见,便不算食言了。"

庄公听了非常高兴,就按照颍考叔的建议做了。

终于,在隧道中,武姜与庄公母子相见,彼此敞开心扉(fēi),诉说了自己的悔意,解开了多年来的心结。

郑国成为第一强国

郑庄公平定了共叔段之乱后，郑国的国力蒸蒸日上。趁着周边国家接二连三发生内乱，郑庄公派兵把卫国、宋国打得服服帖帖，又拉拢鲁国、齐国做自己的跟班。一时间，郑国成为诸侯国中最强大的一个，连周天子都要敬畏三分。

周平王看郑国气焰太盛，认为不能这样纵容下去，必须打压一下。

这时，郑庄公不仅是郑国的国君，还是周平王的卿士，很大程度上控制着周王朝的政权。周平王想，如果再这样下去，说不定哪天郑把周就吃掉了。于是，周平王暗地里要把郑庄公掌握的周室政权分一半给虢（guó）国。

可是事情还没有实现，就被郑庄公听到了风声。郑庄公很不高兴，去找周平王兴师问罪。周平王不敢和郑庄公硬碰硬，只好说："哪有这样的事情呢？您听到的一定是谣言。"为了打消郑庄公的疑心和怒气，周平王提出，愿意同郑国交换质子：周朝的王子狐到郑国去，郑国的公子忽到周朝来，互相作为抵押。

堂堂周王室，要和郑国交换质子，已经是颜面尽失了。

周平王去世后，继位的周桓（huán）王意气用事，真的把一半政权分给了虢国。郑庄公大怒，派兵把周都城的麦子割了，给了桓王一个下马威。周与郑的关系开始破裂，但还保持着起码的礼貌。过年的时候，郑庄公还会礼节性地去给周桓王拜年。后来，周桓王竟然一点面子也不给郑庄公，把他手中的权力全部收回。郑庄公气得再也不去给周桓王拜年了。

周桓王借着郑庄公不来朝拜的错处，号令各诸侯国共同伐郑，周桓王御驾亲征，一定要给郑庄公一点颜色看看。郑庄公也憋着一口气，他心想：我不去打你，已经是忍让了，你倒找上门来。于是，郑国军队把各国联军打得服服帖帖，周桓王的肩头也被郑国大将射中一箭。天子威严扫地，从此，"王命"失去了权威，周王朝的地位一落千丈，再也没有诸侯真正把周天子当回事了。

郑庄公是一位难得的雄主，他凭借着自己的隐忍与智慧，审时度势，勇于开拓，使夹在诸侯国之间、地理位置丝毫不占优势的郑国成为春秋时期第一个强

故事里的成语　多行不义必自毙：坏事做多了，必定会自取灭亡。

国。可以说，春秋初期郑国独强的局面，郑庄公的个人力量起了决定性的作用。后来，郑庄公去世，郑国也逐渐衰落下去，其霸权地位随着黄河水向东流去。

(故事源自《左传》)

知识卡片

春秋战国时期的饮食

春秋战国时期，人们的食物主要是粮食，肉是非常珍贵的食物，老百姓一般吃不起，只有上层贵族才能吃得起，平民百姓一般会去水边捕鱼捉鳖。人们一日两餐，吃完早餐去劳作，傍晚时分回来再吃晚餐。但是贵族阶层会在两餐之外再加一顿夜宵，由此逐渐形成了一日三餐制。

齐桓公当上春秋首霸

兄弟二人争夺王位

在东边的齐国，一场动乱正在拉开序幕。

齐国的国君齐襄（xiāng）公有两个弟弟，一个叫公子纠，一个叫公子小白。辅佐公子纠的叫管仲（zhòng），和辅佐公子小白的鲍叔牙是好朋友。管仲对鲍叔牙说："依我看，将来继位当国君的，不是公子纠就是公子小白，我和你各帮助一人吧。"

齐襄公是一个很坏的人，随意杀害百姓，使齐国陷入了混乱。管仲和鲍叔牙早早看出了苗头，就劝公子纠和公子小白出去躲一躲。公子纠的母亲是鲁国人，鲁国与齐国是邻居，所以公子纠逃到了鲁国。公子小白的母亲是郑国人，但他并没有逃往郑国，而是去了莒（jǔ）国。因为这两个国家都离齐国很近，如果齐国发生了变故，他们能够在第一时间赶回去。

后来齐国果然发生了兵变。齐襄公被杀，他的堂弟被立为国君。不久又发生政变，新任国君也被杀。齐襄公没有儿子，只有公子纠和公子小白这两个同父异母的弟弟。所以，新的齐国国君将在他俩之间产生。

这是一场速度的比拼。谁先回到齐国，谁就有可能成为一国之君。

身在莒国的公子小白先得到消息，抢先一步出发了。

鲁国国君听到这个消息，决定亲自率领三百辆兵车，护送公子纠回齐国。

管仲心想，现在可不是比人多的时候，等大部队浩浩荡荡开到齐国时，黄花菜都凉了。于是，管仲决定先带一部分人马在路上阻截公子小白。

管仲一口气追上了公子小白回国的队伍。果然如他所料，队伍轻车简行，公子小白坐在一辆简单的兵车里，周围没有什么遮挡。

趁着小白队伍休息的间隙，管仲快马加鞭绕到前方，弯弓搭箭，瞄准了公子小白。

"咻！"离弦的箭直直地射向公子小白的胸膛。

只听得小白一声惨叫，口吐鲜血倒下。

随行人员炸开了锅，一窝蜂地跑去救人。透过人群，管仲看到老朋友鲍叔牙急得团团转。"对不起了老朋友。"管仲在心里念叨了一句。

公子小白遇刺的消息传到了公子纠这边。鲁国国君大喜，当晚就摆酒设宴和公子纠庆祝。如今，公子纠成为唯一的继承人，他们还有什么可着急的呢？于是，公子纠和鲁国军队优哉（zāi）游哉地走了六天六夜，才到达齐国国都。

没想到，迎接他们的，却是已经即位的新国君。

公子小白，不，现在已经是齐国的国君了。他居高临下地看着他的哥哥，带着一些嘲讽与炫耀的神情。

原来，管仲那一箭，正巧射在小白的玉带钩上。仿佛是天意，小白的玉带钩精准地挡住了管仲的箭。而小白将计就计，顺势咬破自己的舌头，吐出一口血来，让管仲以为暗杀得手。直到管仲走远了，小白才睁开眼，坐起来。鲍叔牙说："我们得赶紧跑，说不定管仲还会回来。"于是，小白换了衣服，找来一辆有篷的车，抄小路赶到了齐国都城。

公子小白到达都城后，那些原本支持公子纠的齐国大臣提出质疑：按照长幼的顺序，应该由哥哥公子纠来继承国君之位。

　　"齐国连遭内乱，必须有一个像公子小白这样贤明的人来当国君，才能安定。公子小白大难不死，又比公子纠先回来，这不正是天意吗？"鲍叔牙在朝堂上努力争辩，"况且，鲁国国君护送公子纠回来，难道是在无私奉献吗？鲁国支持公子纠，肯定是要和公子纠谈条件的。齐国现在无论是土地还是财物，都承受不起鲁国的勒索啊！"

　　大臣们纷纷被鲍叔牙说服，都同意让公子小白当国君。公子小白就这样当上了一国之君，也就是历史上著名的齐桓公。

齐桓公不计前嫌重用管仲

鲁国国君千里迢迢护送公子纠回国，没想到空欢喜一场，非常生气，决定用武力赶走齐桓公，扶公子纠登位。齐桓公早就做好了战斗准备，鲁军精神懈怠(dài)，两军交战，鲁军打了败仗。

齐国向节节败退的鲁国下了最后通牒：杀死公子纠，交出管仲。鲁国国君一看齐桓公不好惹，就急忙下令把公子纠处死，又把管仲五花大绑，准备交给齐国。

鲁国一位谋士对国君说："您可千万不能把管仲放回去。管仲这个人是天下奇才，如果齐国重用他，以后对我们是巨大的威胁，不如把他留下来为鲁国效力。如果不能为我们所用，就干脆把他也杀掉。"

鲍叔牙预想到鲁国动了杀心。他让派到鲁国去接管仲的使者对鲁国国君说：

管鲍之交：管仲和鲍叔牙之间的深厚友情。比喻朋友之间交情深厚，彼此信任。

“管仲曾经刺杀我们国君，国君对他恨之入骨，一定要亲手杀他才解恨。”最终，鲁国把管仲交给了齐国。

齐桓公的确恨不得把管仲千刀万剐（guǎ），以报一箭之仇。但鲍叔牙阻止了他：“大王是想一时痛快，还是想长远痛快？如果只图一时之快，您杀了管仲便是。但管仲是不可多得的旷世奇才。如果您想要称霸天下，就应该不计前嫌，重用管仲。他能为公子纠射中您的玉带钩，也能为您射得天下。”

在鲍叔牙的极力劝说下，齐桓公与管仲冰释前嫌，并亲自迎接管仲入朝为相，尊称他为“仲父”。

多年以后，齐国的百姓还津津乐道那一日隆重的仪仗队。那鼓瑟吹笙（shēng）的音乐，是齐国进入管仲时代的开篇，也是天下进入齐桓公时代的序曲。

（故事源自《史记》）

知识卡片

春秋战国时期的天文学

春秋战国时期，天文学取得了很高的成就。在公元前613年，鲁国的天文学家观测到哈雷彗星并记载下来，这是世界上关于哈雷彗星最早的确切记录。齐国的天文学家甘德用肉眼发现了木星的卫星，两千多年后，意大利天文学家伽利略用天文望远镜发现了这颗卫星。魏国天文学家石申发现了日食、月食是天体相互掩盖的现象，这是一项非常了不起的发现。为了纪念石申，月球上有一座环形山就是用他的名字命名的。甘德和石申的著作流传下来，合为一部《甘石星经》，这是我国，也是世界上现存最早的天文学著作。

宋襄公想要以德服人

宋襄公当上国君

在春秋那个弱肉强食的时代，宋襄公无疑是个另类。从他的身上似乎隐隐约约还能看到，在西周那个彬彬有礼的时代中，贵族应该有的样子。

宋襄公名叫兹（zī）甫（fǔ），是宋国国君的第二个儿子。他还有一个哥哥，叫目夷（yí）。兹甫的母亲是宋国国君的正妻，而目夷的母亲只是一个侍妾。所以，兹甫是嫡子，是名正言顺的国君继承人。

宋国国君非常重视孩子的教育，兹甫和目夷从小就跟从很有名的老师学习，两个人都成为非常优秀的君子。兄弟二人彼此谦让，从来不曾争夺过什么。

后来，国君老了，就准备立嫡子兹甫为太子，希望他以后继承国君之位。可是，兹甫却说："目夷是兄长，而且为人忠孝仁义，无论是品行还是才能，都远在我之上。我愿意让出太子之位，请哥哥目夷来当未来的国君。"

目夷得知后，坚决推辞不受。他对父亲说："兹甫是嫡子，按照礼制，应该由他来继承。况且，兹甫能让出太子之位，这不就是最大的仁德吗？他有这样的仁德，却还要把国君之位让给我，这真是让我太惭愧了。"为了让弟弟继承国君之位，目夷离家出走，躲到卫国去了。

兹甫的太子之位没有让出去，还是成了宋国国君，也就是宋襄公。宋襄公即位后，第一件事情就是将自己的哥哥目夷接回来，请他掌管军政大权，辅佐自己治理国家。

凭借仁义名满天下

宋襄公当上国君的时间，刚好是齐桓公称霸的年代。这一年，齐桓公组织各国诸侯在葵丘这个地方会盟。这一次会盟，是整个春秋时期最为盛大的会盟。齐桓公的霸业达到了顶峰。

可是，盛极之后便是衰落，万事万物都逃不过这个规律。齐桓公很清醒，在这场空前绝后的盛会上，他仿佛看到了齐国未来的命运。

于是，在盛会的幕后，齐桓公单独请来了宋襄公。一个是令天下臣服的霸主，一个是初涉（shè）江湖的青年。宋襄公既疑惑又惶恐：齐桓公找我这个毛头小子做什么？

齐桓公对宋襄公说："我现在虽然风光，但深知我已经是个老人了，我的头发已经白了，牙齿也开始脱落。我没有嫡子，为了避免日后国君之位的争夺，我和管仲商量，立公子昭为太子。可是，即便这样，我依然担心其他几个儿子会不服。齐国与宋国素来交好，您的父亲是我的好朋友、好搭档，齐国曾经帮助宋国平定内乱。您虽然年轻，但您仁义的名声早就传遍了天下。我希望您看在齐宋两国世代友好的份上，答应我这个老者的请求，请您日后一定多多照顾太子昭，帮助他顺利登上齐国国君之位，帮助他守护齐国的疆土与百姓。"

宋襄公对齐桓公深深行礼："您对我如此信任，我一定不会辜负您的重托，日后若是太子昭有需要，我宋国一定竭尽全力。"

"能得到您的承诺，我就放心了。"齐桓公说。

七年后，齐桓公去世，齐国果然发生了动乱。太子昭打不过其他几位公子，只好逃到宋国，向宋襄公求援。尽管当时宋国非常弱小，但宋襄公毫不犹豫地收留了太子昭，并且答应一定会想办法帮他夺取国君之位。

为了完成齐桓公的重托，宋襄公向各国诸侯送去了亲笔信，请求他们共同出兵，护送太子昭回国夺取国君之位。但是，宋国只是一个小国，送出去的信大多石沉大海，只有平日里交好的卫国、曹国和邾（zhū）国派了一些兵马前来援助。

即便是这样,宋襄公也没有退却。他亲自率领规模并不大的军队,抱着舍生取义的信念,护送太子昭一路回国。

齐国的贵族大多对太子昭有些同情,又对现任的国君不满意。他们一看太子昭带着援兵打回来了,就合力杀死了现任国君,在都城迎接太子昭即位。

太子昭顺利当上了齐国国君,而宋襄公也名满天下。从此,天下人都对重承诺轻生死的宋襄公佩服不已。

因仁义而遭惨败

宋襄公得到了天下人的认可后,也萌生了称霸的念头。在他看来,称霸天下不仅仅是为了实现自我的愿望,更是为了让这个世界变得更好。一个好人当天下的领袖,才能让世界充满和平啊。他常常想起葵丘会盟时,齐桓公与各国诸侯订下的盟约:不准把水祸引向别国,不准因别国灾荒而不卖给粮食……

于是,宋襄公也学着齐桓公,约诸侯会盟。他的哥哥目夷劝他:"我们宋国是一个小国,哪里能和齐桓公当年相提并论呢?小国想要争当霸主,肯定会惹来祸患的。"

在这件事情上,宋襄公却不肯听目夷的话。他认为,宋国虽小,却是正义之师,以德服人。可是,在春秋的乱世里,以德服人已经是不可能实现的幻想了。

在宋襄公图霸的道路上,最大的阻碍是楚国。当时,楚国的实力已经壮大起来了,国君楚成王手段非常狠辣,想要和宋襄公一争高下。

这一年,宋襄公组织各国诸侯会盟。目夷劝他:"如果您一定要组织会盟,请

名言名句 君子不困人于厄(è),不鼓不成列。(〔春秋〕宋襄公)

务必允许我带上军队随行。"

宋襄公说:"不行不行,会盟不带军队,这个要求是我提出来的,我自己怎么能食言呢?"

目夷说:"楚成王狡猾,是从来不讲信用的,您还是带上军队以防万一吧。"

可是宋襄公坚持不肯。

事实证明,目夷对楚成王的判断是正确的,楚国的军队早就在周围埋伏好了。

会盟那一日,楚成王在会场上与宋襄公争夺盟主之位。忽然,在楚成王一声号令之下,楚国的军队从四面冲出来,抓住了宋襄公,将他带回楚国囚禁了起来。后来,在鲁国的调解之下,宋襄公才被释放回国。

宋襄公回国后,听说郑国支持楚成王称霸,非常气愤。他说:"我不当霸主也没有关系,但楚成王绝对不能当霸主。楚成王是个不讲礼义道德的小人,如果让这样的人来领导各国,那天下就要乱套,百姓就要遭殃了。"因此,宋襄公决定攻打郑国,向天下人表明坚决反对楚国的态度。

郑国向楚国求援,楚国就派大将前来攻打宋国。宋楚两国的军队在泓(hóng)水相遇了。

宋军严阵以待,楚军正要渡过泓水。目夷说:"楚国兵多,我们兵少,趁着他们还未渡过河,我们赶紧发起进攻,消灭他们。"

宋襄公说:"这怎么行呢?我们是仁义之师,怎么能乘人之危,在敌军渡河的时候攻打他们呢?"

于是,楚军顺利渡过了泓水,开始排兵布阵。

目夷催促:"趁他们还没有列好阵,我们赶紧进攻吧。"

宋襄公还是不肯:"等他们列好阵才公平。"

等楚军列好阵,排山倒海地冲过来,宋军根本招架不住,很快就战败了。宋襄公也被楚军的箭射中了大腿,受了重伤。

宋军伤亡惨重,大家都埋怨宋襄公不懂用兵之道。宋襄公却说:"一个有仁德的君子,是不会乘人之危的。古时君子作战,不攻击头发斑白的老人,不追杀已经受伤的敌人,不靠关塞险阻取胜,我们宋国就算要灭亡了,也要守住君子之道,我的良心不允许我在敌人还未布好阵的时候就敲响战鼓。"

第二年，宋襄公伤重身亡。他终究没有实现图霸的理想，却用生命守住了更加重要的君子之道。

（故事源自《左传》《史记》）

知识卡片

诸侯国结盟的凭证——盟书

　　1965年，我国考古工作者在山西省侯马市挖掘出一份盟书，按照出土地命名为《侯马盟书》。春秋战国时期，诸侯国或者卿（qīng）大夫之间订下盟约，把内容写在玉石片或其他载体上，称为"盟书"。盟书一般会写两份，一份由专门的管理机构收藏起来，一份沉到河里或者埋在地下，表示由鬼神来监督。《侯马盟书》是春秋晚期晋国世卿赵鞅（yāng）和卿大夫之间举行盟誓的文书，用毛笔写在玉石片上，数量共有5000余片，是山西博物院馆藏的十大国宝之一。

你怎么看？

你怎样看待宋襄公的君子之道？

重耳的流亡之路

重耳逃离国都，开始流亡

晋文公重（chóng）耳从小就是一个悠闲自在的人。他的父亲是晋国的太子，母亲只是一个普通的姬（jī）妾。他的哥哥、父亲的嫡长子公子申生是一个贤德的人，很早就展现出政治才华。在这样的环境中，重耳做梦都没想过国君之位和自己有什么关系。

父亲继位成为晋国国君的时候，重耳已经21岁了。重耳没有权力争斗的政治欲望，只喜欢结交朋友。当时一些很有才华的名士，比如赵衰（cuī）、介子推，还有他的舅舅狐偃（yǎn），都是与他肝胆相照的好朋友。

没想到的是，在他三十多岁的时候，父亲新纳了一名姬妾，叫骊（lí）姬。从此，一切都变了。

骊姬受到宠爱，预谋让自己的儿子成为太子，于是就在国君面前说申生和重耳的坏话，要将他们赶出国都，戍（shù）守边疆去。国君听信谗言，就将几个儿子

都赶走了，只留下了骊姬的儿子。后来，骊姬又挑拨国君和公子申生的关系，逼得公子申生自杀。

重耳听到消息后大哭了一场，他知道哥哥申生自杀并不是因为有罪，而是不愿意忤逆父亲。他为哥哥的死感到悲伤，也为自己的处境担忧：骊姬害死了申生，接下来就该轮到自己了。于是，重耳带着狐偃、赵衰等人，连夜逃离了晋国。国君得到消息，认定重耳的不辞而别肯定有阴谋，就派刺客刺杀他。刺客割破了他的袖子，重耳翻墙逃跑，保住了性命，从此开始了长达19年的流亡生涯。

逃亡路上受侮辱

重耳首先逃到了自己母亲的国家狄（dí）国。狄国人对他很友好，还将打仗抓回来的邻国公主季隗（wěi）嫁给了他。重耳娶妻生子，过上了幸福的生活，在狄国一住就是12年。12年间，晋国国君之位换了好几次，动乱不断。晋惠公继位后，担心重耳会来抢夺君主的位置，就派人去杀重耳，重耳听说后非常害怕，就和狐偃和赵衰谋划说："当年我们来到狄国，难道是为了过舒服日子吗？我们只是暂时

在这里避难，再做更大的打算。”

经过一番商议，重耳决定投奔齐桓公，请齐桓公帮助他回国夺取晋国国君之位。

就这样，重耳告别了他的幸福生活，重新踏上了流亡的道路。

从狄国到齐国，中间要路过卫国。卫国国君见重耳很落魄，非常轻视他，连饭都没有招待他吃。重耳只好饿着肚子继续赶路，路上遇到一个农夫，重耳太饿了，就向农夫讨要一些饭食，没想到，农夫竟然也欺负他，从地上捡起一块儿土疙瘩（yēda）扔到他的碗里。重耳非常生气，要跟农夫打一架。赵衰急忙劝他："这是大吉之兆啊！土，代表着土地，如今有农夫献给您土地，是您将要获得领土的征兆，您应该行礼接受！"重耳转怒为喜，拜谢农夫，并将土块好好地保存下来。

想在齐国过安逸日子

重耳来到齐国，受到了齐桓公的厚待。齐桓公为他安排了住所，并将公主齐姜嫁给了他。重耳在齐国再次过上了安逸幸福的生活。

虽然齐桓公在生活上处处优待重耳，但并没有帮助重耳出兵的打算。后来，齐桓公去世，齐国陷入内乱，自顾不暇，更加管不了重耳的复国大计了。

这个时候，重耳已经五十多岁了。他年轻时本就没有什么鸿鹄（hónghú）之志，如今年老，更是向往着妻贤子孝、儿孙满堂的幸福生活。至于当国君的愿望，他早就抛在脑后了。

重耳想留在齐国过安逸的日子，狐偃和赵衰却不允许他这样做。有一天，狐偃和赵衰在树下商量怎样离开齐国，正好被重耳妻子齐姜的侍女听到了。侍女告诉了齐姜，齐姜于是对重耳说："你在这里一言一行都受到监视，还是赶快离开齐国，图谋大业去吧。"

重耳说："我不走。人活着不就是应该享受生活吗？我已经这么大年纪了，好不容易在齐国过上了现在的好日子，我才不出去受罪呢，我就是死也要死在这里。"

齐姜说："你这样可太不像话了。你是一国公子，走投无路才来到齐国。你的那些朋友随你出生入死，希望有朝一日你能够成就大业。没想到你竟然躲在安

乐窝里舍不得出去了。你在这里虽然丰衣足食，但毕竟是寄人篱下，你不以为耻反以为荣，我真为你感到羞耻。"

齐姜是一个很有远见的妇人，她见丈夫不思进取，就与狐偃、赵衰等人一同想办法灌醉重耳，用马车载着他连夜离开了齐国。重耳醒来后很生气，拿起戈找狐偃拼命。狐偃说："要是杀了我你就能成就大业，那你就杀了我吧。"重耳没好气地说："哼，要是此去不能成功，我就吃你的肉。"

就这样，重耳又被迫走上了流亡之路。

重回故土成为霸主

在流亡途中，重耳遍尝人间冷暖。他路过曹国，曹国国君听说重耳天生肋骨长得很奇怪，竟然去偷看他洗澡。他路过郑国，郑国国君也对他毫无礼貌。只有

故事里的成语 退辟三舍（shè）：主动退让九十里。古时行军以三十里为一舍，三舍指九十里。比喻对人让步或回避。

宋襄公在打了败仗、身受重伤的情况下，还按照国礼热情招待了他，并送给他80匹马。

重耳辗转来到楚国，楚成王问他："你想让我帮助你回国，那么你打算怎么报答我呢？"

"奇珍异兽、金银珠宝，这些楚国都不缺。"重耳回答说，"如果有一天晋国和楚国打起仗来，我愿意让晋国的军队先往后退让九十里，以报答您今日对我的恩惠。"

又过了几个月，楚成王对重耳说："我愿意帮你，但楚国离晋国太远了，要穿过好几个国家才能到。我建议你去秦国，秦国与晋国相邻，出兵方便。"于是，楚成王送了很丰厚的礼物给重耳，并派人护送他来到秦国。

秦穆（mù）公与当时的晋国国君关系不好，所以很愿意帮助重耳成为新的晋国国君。秦穆公一口气嫁了五个同宗的女子给重耳，并派大军送重耳归国。

终于，重耳再次踏上了故国的土地，成为晋国国君。此时，距离他离开故土，已经过去了整整19年。这一年，他62岁。

晋文公重耳即位后，恩怨分明地讨伐了从前侮辱和怠慢他的曹国和卫国，保护了礼遇他的宋国。又过了几年，晋国与楚国打起仗来了。在这场战役中，晋文公兑现了他的诺言，两军交战，晋国军队一直退了九十里。但也正是这九十里的退让，诱敌深入，让楚军骄傲轻敌，最终落入晋军的陷阱。就这样，强大的楚国被打败了。

晋文公把楚国的俘虏献给了周天子，周天子很高兴，正式任命晋文公为诸侯首领。从此，晋文公成为继齐桓公之后第二个被周天子认可的霸主。

但是，晋文公已经很老了，四年之后，他便去世了。随着春秋时期第二位霸主的去世，各国短暂的平衡被打破，天下又向着你争我夺的混乱局面走去。

（故事源自《史记》）

知识卡片

寒食节的由来

跟随晋文公重耳流亡的臣子中，有个人名叫介子推。当重耳流亡在外，饿得两眼发昏时，介子推割下自己大腿上的肉煮给重耳吃。后来，重耳当上了国君，其他跟随他流亡的人都向他伸手要官，只有介子推说："重耳能够当国君，是上天对晋国最好的安排。你们这些人却把天意当成自己的功劳，我才不愿意与你们同朝做官。"于是就隐居到山上去了。晋文公听说了这件事，就去请介子推来做官。介子推坚决不肯下山见他。有人给晋文公出主意：不如放一把火吓唬吓唬他，他没地方躲就肯定会跑出来的。晋文公听从了这个主意，就在山上放了一把火。火势越来越猛，介子推却始终不肯出来，最终被活活烧死在山上。晋文公很后悔，也很愧疚，就下令在每年的这一天，全国禁止用火，全民只能吃冷的食物，以表达对介子推的哀思。相传，这就是寒食节的由来。

你怎么看？

如果没有狐偃、赵衰等人的鞭策，重耳能够成就事业吗？

秦穆公经营西方

用五块羊皮换来了大秦名相

在华夏大地的最西边是一个叫秦的国家。秦国再往西,就是戎人的地盘了。很久以前,秦人与戎人生活在一起,直到周平王东迁时,秦人派兵护送有功,才被封为诸侯,正式成为华夏的一员。

在中原各国你争我斗的时候,秦国默默地发展壮大起来。到了秦穆公这一代,也试图参与到争霸的行列中。

秦国的旁边是晋国,一个非常强大的国家。当时晋国的国君,正是晋文公的父亲晋献公。秦穆公认为,要想提高秦国的地位,就一定要和晋国搞好关系。于是,秦穆公主动向晋献公求亲,希望能够娶一位晋国的公主为妻。晋献公很高兴,就把自己的大女儿嫁给了他。

晋国公主的出嫁,意外地为秦国带来了一位治国的人才。这个人叫百里奚(xī),他与秦国的缘分十分曲折。

百里奚是虞(yú)国人,自幼家贫,少年时还要过饭。但他读书十分刻苦,也非常有政治才华,成为虞国的大(dà)夫。但是在虞国被晋国打败之后,百里奚成了晋国的奴隶。正巧秦国向晋国求娶公主,百里奚就作为公主的陪嫁人员被送去秦国。

百里奚不愿意受这样的屈辱,就在半途中趁机逃脱了。可是,他刚逃出秦国,就被楚国人抓住了。楚国国君听说百里奚很会养牛,就让他去养牛。

秦穆公早就打听到百里奚是治国之才,非常期待他与晋国公主共同前来,打算好好重用他,没想到百里奚竟然被楚国人抓去养牛了。秦穆公正想用重金将百里奚赎(shú)回,一位臣子提醒他:"楚国国君一定不知道百里奚的治国才能,所以才让他去养牛。您如果用重金去赎,不就是告诉楚国百里奚很珍贵吗?"

秦穆公说:"那要怎样才能把百里奚换回来呢?"

臣子说:"百里奚既然是逃走的奴隶,我们就用奴隶的价格把他换回来。按

故事里的成语 秦晋之好:秦晋两国世代联姻。代指两姓联姻的关系。

照市场价，一个奴隶值五块羊皮，我们就用五块羊皮去把百里奚换回来吧。"

楚国国君一听秦国要用五块羊皮换回一个逃走的奴隶，完全没有放在心上，很痛快地同意了。就这样，百里奚来到了秦国。秦穆公与百里奚谈了三天三夜，向他请教各种治国的策略，并且封他为大夫。因为百里奚是用五块羊皮换来的，所以大家都叫他五羊大夫。

五羊大夫百里奚还为秦穆公推荐了一个人才，叫蹇（jiǎn）叔。百里奚说："蹇叔这个人，才能远在我之上。之前，我在齐国讨饭的时候，是蹇叔收留了我。我想去侍奉齐国国君，蹇叔不让我去，后来齐国国君果然死于政变。后来，周朝的王子很喜欢我养牛的本事，我就想攀上周王子这根高枝，当时多亏蹇叔劝我离开，我才没有和周王子一起被杀。第三次，我想在虞国做官，蹇叔再次阻止我。那一次，我没听他的话，果然亡国被抓。可见，蹇叔非常懂得识别国君的品行，能够预料事情发展的方向，是非常有才能的人。"

秦穆公听了百里奚的推荐，就带着丰厚的礼物前去拜访蹇叔，请他也成为秦国的大夫。在百里奚和蹇叔的辅佐之下，秦穆公把国家治理得蒸蒸日上，成为当时比较强的国家。

秦穆公不听劝阻吃败仗

几年之后，随着春秋第二任霸主晋文公的去世，天下又陷入了混战之中。秦穆公认为，晋国已经没有那么强大了，秦国的机会来了。

秦穆公再一次心动了，想去攻打郑国。百里奚和蹇叔劝他："这个主意太愚蠢了，从秦国到郑国，要途经好几个国家，这样长途行军去偷袭，早就让别人发现了。"可是秦穆公没有听他们的话，执意要发兵，并且任命百里奚的儿子和蹇叔的儿子为大将军，领军出征。

出征那天，百里奚和蹇叔来到军队前大声痛哭。秦穆公生气地说："大军出征

在即,你们不说两句鼓舞士气的话,反倒这么丧气地哭,实在是太不像话了。"

百里奚和蹇叔对秦穆公说:"我们不敢阻拦军队,但我们的儿子也在其中,此去凶多吉少,恐怕就要白发人送黑发人了。"又对儿子说:"你们这次行军,最危险的地方就是崤(xiáo)山,一定要小心!"

秦军走到滑国的时候,遇到了一个郑国的商人。商人牵着12头牛,送给秦军,并说:"郑国国君听说你们要来攻打,已经做好了充分的迎战准备,还派我送来12头牛犒(kào)劳你们呢。"

秦军一听,郑国早就知道我们要来,看来偷袭肯定不会成功,还是不要去了。可是兴师动众走这么远,一点成果都没有,没法对国君交代,于是就地灭了滑国,准备回去复命。

滑国是晋国的附属国。此时,晋文公刚刚去世,新上任的晋国国君说:"我父亲尸骨未寒,秦国就来侵犯我们的附属国,实在是太欺负人了,我们一定要报仇!"

于是,晋国军队将丧服染成黑色,埋伏在崤山的险要之处阻击秦军。这一仗,秦军被打得全军覆灭。秦军的三位将领——孟明视、西乞术、白乙丙——也就是百里奚和蹇叔的儿子,都被抓住成了俘虏。幸亏晋文公的夫人是秦国人,她从中调解,才将三位将军赎回来。

秦穆公穿着丧服到城外迎接他们,并哭着说:"都是我不听百里奚和蹇叔的劝告,害得千万将士无辜丧生,害得几位将军饱受屈辱。"

从此,秦穆公更加励精图治。三年后,三位将军率领军队再次东进。晋国打不过,就躲起来不出战。秦穆公亲自来到崤山,在这里痛哭三天,掩埋了当年死难将士的尸骨。

开始平定西方

但是,晋国始终阻挡在秦国东进的道路上,秦穆公想要称霸中原的愿望终究难以实现。秦穆公只好将目光转向西方。

西方是戎人的居住地,大大小小的部落有好几十个。其中实力比较强的一个部落叫绵诸。绵诸王派了一个叫由余的使臣来秦国观摩学习,秦穆公热情招待了他。由余是一个很有本领的人,对西戎的地形和兵力非常了解。秦穆公决定把由余留下来。

　　秦穆公为绵诸王送去一个美女歌舞团，让绵诸王每天沉迷在美妙的音乐和女色之中，连国内大批牛马死亡都懒得过问。等绵诸的政事彻底荒废了，秦穆公才把由余放回去。由余回国后，劝谏绵诸王，绵诸王不听，反而迁怒于他。

　　在由余对绵诸王极度失望的时候，秦穆公劝说他归降秦国，并且对他十分尊

重。在由余的帮助下，秦穆公逐步吞并了西戎12个部落，开辟了一千多里国土。

秦穆公平定西戎，受到了周天子的褒（bāo）奖。周天子特意赐他金鼓，鼓励他继续擂鼓出战。从此，秦穆公成为真正意义上的西方霸主。

（故事源自《左传》《史记》）

春秋战国时期的少数民族

黄河流域是中华文明的发源地，称为"中原"。春秋战国时期，长期生活在中原地区的各国，自称"诸夏"，也叫"华夏"。而华夏的四周，生活着一些少数民族，称为"蛮、夷、戎、狄"。要注意的是，这里的华夏与少数民族，并不是人种上的区分，而是文化上的区分。华夏各国已经在很长时间的历史中形成了礼乐文明，而蛮、夷、戎、狄等少数民族还停留在部落文明阶段。中华文明有着强大的向心力和感染力，这些少数民族在和中原各国交往甚至交战的过程中，也在不断地被华夏文明所吸引和同化。

你怎么看？

秦国和晋国的关系时好时坏，你认为其中起决定因素的是什么？

楚庄王一鸣惊人

三年不飞，一飞冲天

在华夏的南方，是疆域广阔的楚国。楚国刚刚建立的时候非常穷，连祭祀(jì)祖先用的牛都是从别国偷来的。经过几百年的发展，楚国终于强盛起来。一向被中原诸国视为蛮夷的楚国，也是春秋诸国中最不守规矩的。别的国家，国君都自称为公，只有楚国国君自称为王，大有要与周天子平起平坐的意思。

楚庄王刚刚即位的时候，国内形势很混乱，他也没有权力。于是，年轻的楚庄王假装沉湎(miǎn)酒色，不理朝政，完全就是一个昏君的模样。他在宫殿门口挂了一块牌子，上面写着"进谏者，杀无赦(shè)"。那些忠心的臣子望而却步，

只能私下里感慨楚国要亡国了。只有一个叫伍举的大夫，看到楚庄王左手抱着郑国的歌姬，右手搂着越国的舞女，猜想楚庄王定然有宏图大志。于是，伍举就去求见楚庄王。楚庄王说："你如果跟我讲大道理，那就出去看看门口的牌子。"伍举笑着说："我今天不是来讲道理的，我来和大王说个谜语。有一种鸟啊，三年不展翅，不飞翔，也不鸣叫，这是什么鸟呢？"楚庄王明白了他的意思，就说："三年不展翅，是为了丰满羽翼。三年不飞翔、不鸣叫，是为了观察民众的态度。这样的鸟，一飞就必然冲天，一鸣就必然惊人。你放心吧，我心里有数。"

果然，楚庄王用三年的时间摸清了楚国的政局，一举平定了内乱。从此，楚国走上了争霸的道路。

楚庄王问鼎(dǐng)中原

五年后，楚庄王以驱逐戎人、保卫周王的名义，亲自带领军队北上，来到周朝国都附近，还在这里进行了一次阅兵活动，向周天子展示楚国的武力。周天子吓坏了，赶紧派大夫王孙满去慰劳楚庄王。

楚庄王见到王孙满，问了一个问题："我听说周天子有九鼎，九鼎有多重？我们楚国盛产铜，你看我军队的装备，要是把这些兵器熔了，足够铸九个鼎了吧？"这个问题一说出来，在座的所有人都吓了一跳。要知道，九鼎代表着天子的权力，哪里是一个诸侯有资格关心的？

王孙满也不生气，沉着地回答楚庄王："天子的地位，在于德，而不在于鼎。您别忘了，夏初大禹有德，天下诸侯都拥戴他，所以各地贡献铜，夏朝才能铸成九鼎。后来夏桀(jié)无德，鼎就转给了商朝。商纣(zhòu)王无德，鼎又转给了周朝。如今周天子有德，周朝的国运未完，九鼎的轻重还轮不到您来问。"

楚庄王本想耀武扬威，结果没讨到什么便宜，只好退兵回国。但楚庄王称霸的野心，已经暴露在天下人的眼里。

一鸣惊人：一叫就使人震惊。比喻平时没有特殊的表现，一干就有惊人的成绩。

接连几场大胜仗

此时，楚国争霸最大的阻碍是晋国。晋文公虽然已经去世，但晋国的霸业仍在。晋国在楚国北边，两国之间的郑国成为晋楚争夺的焦点。对于楚国来说，要想把势力拓展到中原，郑国的地理位置刚好可以作为跳板。对于晋国来说，要想阻止楚国北上，就必须保护好郑国，不能让郑国被楚国吞并。可怜的郑国，夹在两个超级大国中间，只好墙头草两边倒，晋国强就听晋国的，楚国强就听楚国的。

终于有一年，楚庄王决定举全国之力攻克郑国。他亲自率领军队，围困了郑国国都。郑国国君命令将士和百姓死守城墙，等待晋军救援。一连打了17天，楚军也没能攻进都城。就在这个时候，郑国都城东北角的城墙突然塌了十几丈宽。郑国人民吓坏了，以为天意要亡郑国，哭声惊天动地。

楚庄王听到郑国百姓的哭声，心生怜悯（mǐn），决定退兵十里，等郑国把城墙修好以后再进攻。有大臣劝他："现在连老天爷都帮我们，正是灭掉郑国的最

故事里的成语　问鼎中原：询问九鼎的重量，比喻企图夺取政权。九鼎是传国重器，代表九州，是国家权力的象征，为得天下者所拥有。

好时机啊！"

楚庄王却说："他们中原人，总说我们楚国人是不懂礼义的蛮夷，向来瞧不起我们。如今，郑国已经见识了我们的兵强马壮，但还没有看到我们的仁德。现在，我退兵十里，以示仁德，看看郑国人服不服？"

郑国国君因为城墙塌了走投无路，正要投降。忽然听说楚军退兵十里，以为是晋国援军到了，又燃起了抵抗的希望。于是他命令军民赶紧修好城墙，严防死守。

楚庄王本来想给郑国一个恩惠，等他们开城投降，没想到郑国还在抵抗。于是，楚庄王下令继续进攻。这一打，就是三个月。晋国援军迟迟不到，郑国伤亡惨重，再也无力抵抗了。

楚军攻入城中，楚庄王命令军队不准烧杀抢掠，不准骚扰百姓。郑国国君脱掉自己的上衣，袒（tǎn）胸露怀，左手牵着羊，右手拿着一把杀牲口的刀，站在都

城的大街上迎接楚军。他向楚庄王跪下求和，希望楚庄王念在楚郑两国先祖友好关系的份上，留给郑国一块不毛之地以延续香火，郑国愿意做楚国的奴仆。

楚庄王被郑国国君感动，同意不灭亡郑国，并退兵三十里，与郑国结盟。

这时候，晋国的援军才到达。楚庄王本来打算回家了，听说晋军来了，就继续领军北上，与晋军对峙（zhì）。

郑国国君一想，这下可完蛋了。楚国不好惹，晋国也不好惹，要是晋国打赢了，肯定要怪罪我们投降楚国。臣子给他出主意："没关系，我去两军军营各跑一趟，挑起他们决斗。要是晋国赢了，我们以后就听晋国的，要是楚国赢了，我们以后就听楚国的。"

在郑国的挑拨下，楚军和晋军在邲（bì）邑这个地方轰轰烈烈地打了一仗。楚军大胜，打得晋军连夜北渡黄河逃回国。生长在长江流域的楚军战马第一次饮了黄河水，骄傲地班师回朝。

在征服了郑国之后，楚庄王又把目标放在了宋国。宋国是中原地区重要的国家，也是楚国和晋国争夺霸权的关键。楚军将宋国都城围困了整整九个月。晋国吃了上次援救郑国的败仗，留下严重的心理阴影，始终不敢出兵。

在围困了宋国九个月后，楚军没有攻破宋国都城，也没有灭亡宋国。后来，见宋国支撑不下去了，楚庄王主动退兵，与宋国签订合约，用这样的方法逼宋国臣服于楚国。

接连的几场大胜仗，让天下人看到了楚国的强大，楚庄王也成为新一任的霸主。只可惜楚庄王只当了23年国君，就生病去世了。在他死后，楚国陷入了混乱，楚庄王一手打下的霸业，也在内忧外患中付诸东流。

（故事源自《左传》《史记》）

知 识 卡 片

"九鼎"是王权的象征

相传大禹在建立夏朝的时候，将天下分为九个州，令九州进贡铜矿石，铸造成九鼎。九鼎成为至高无上的王权象征。后来，夏被商取代，九鼎就归了商朝。商被周取代，九鼎又归了周朝。经过春秋战国的乱世，等到秦始皇统一中国的时候，九鼎已经不知去向。相传九鼎沉没在泗水这条河里，秦始皇曾经派人去打捞，在滔滔河水中什么也没有捞到。后代王朝中，也曾经有帝王重铸九鼎，以表达国家强盛和天命所归。

你怎么看？

宋襄公打仗时讲礼义，结果战败了，楚庄王与宋国打仗时也讲礼义，结果却胜利了，原因是什么？

吴王阖闾威震东南

阖闾争夺王位

　　春秋争霸就像一个大戏台，你方唱罢我登场。随着楚国势力的由盛转衰，春秋争霸最后一场剧目的主角吴越两国登场了。

　　吴国在吴王寿梦这一代开始强盛起来。寿梦有四个儿子，他将王位传给了老大。老大知道四弟贤明，希望以后由他来继任国君，于是就没有立自己的儿子为太子，临终前将王位传给了二弟，并嘱咐他一定要将王位次第传下去，最后让四弟来当国君。于是二弟临终前又将王位传给了三弟。三弟临终前，也想将王位传给四弟，但是四弟坚持不接受，于是三弟就将王位传给了自己的儿子，也就是吴王僚（liáo）。

这时候，老大的儿子阖闾（hélú）就不乐意了。他认为，父亲之所以不立太子，是因为想让四叔当国君。如果四叔不愿意，那就应该把王位还给自己，怎么能轮到三叔的儿子呢？于是，阖闾私底下招贤纳士，想要刺杀吴王僚，夺回本该属于自己的王位。

五年后，有一个叫伍子胥（xū）的人来投奔他。这个伍子胥本来是楚国的臣子，正是那个和楚庄王说谜语的大臣伍举的孙子。伍家世代做楚国的臣子，可是到了伍子胥的父亲时，却遇到了坏君王，全家被杀，只有伍子胥只身一人逃到吴国来。

伍子胥是一个很聪明的人，他看出阖闾有夺取王位的野心，就给他推荐了一位勇士。这位勇士叫专诸，本来是个屠夫。专诸受到阖闾的礼遇，答应为他刺杀吴王僚。

机会终于来了。这一天，阖闾在自己的府里埋伏了重兵，请吴王僚前来喝酒。吴王僚很谨慎，他带了大队侍卫，从王宫一直排列到阖闾的家里，保证连只苍蝇都飞不进来。而专诸早就准备好了，他将一把细而锋利的鱼肠剑藏在烤鱼的肚子里，假装成厨师来上菜。专诸走到吴王僚的餐桌前，一把抽出鱼肠剑，将剑刺进了吴王僚的胸口。吴王僚当场死亡，而专诸也被随行的侍卫杀死。阖闾当上吴王后，厚葬了专诸，并为他的儿子加官晋爵（jué）。

吴国攻打楚国

从此，伍子胥成为吴王阖闾最信任的人，在他的帮助下，吴国的国力蒸蒸日上。但是，伍子胥也有自己的私心，他之所以帮助吴国，是想借助吴国的力量灭亡楚国，为父兄报仇。为了实现目的，伍子胥又向吴王阖闾推荐了一位军事人才，名叫孙武。孙武被后人称为"兵家至圣"，有名的《孙子兵法》就是他写的。孙武特别会打仗，在他的指挥下，吴国军队攻下了楚国的都城，吓得楚王落荒而逃。

吴军占领了楚国都城后，伍子胥四处搜捕也没能抓到楚王。一气之下，伍子胥下令挖开已经去世的上一任楚王的坟墓，把尸体拖出来用鞭子抽了三百下，算是报了当年的杀父之仇。

楚国有一个大臣名叫申包胥，原本是伍子胥的好朋友。当年伍子胥出逃的时候，对申包胥说："总有一天我要灭亡楚国。"申包胥说："你加油吧！你要灭亡楚国，是出于孝道。但我是楚国的臣子，必须要为国尽忠。所以，你要灭亡楚国，我却一定要保住楚国。咱们都努力吧！"

破城之日，申包胥离开了楚国，去秦国寻求帮助。当时，有能力与吴国抗衡的只有晋国和秦国。晋国与楚国常年打仗，关系很差，巴不得楚国赶紧灭亡。秦国与楚国的关系比较亲近，楚王是秦国公主的儿子，也就是秦国国君的外甥。于是，申包胥独自一人越过高高的山岗，蹚过危险的激流，穿过飞沙走石的戈壁滩，闯过一个又一个关卡，走了七天七夜，终于到达了秦国国都。

秦国国君知道他是来求援的，但是并不想帮忙。申包胥就在城墙外不吃不喝，哭了七天七夜，终于感动了秦国国君。于是秦国发兵，攻打吴军。

吴王阖闾的弟弟夫概带领一支军队，与秦军激战，被秦军打败了。夫概吃了败仗，非常害怕，就悄悄地逃回了吴国。

此时，南面的越国见吴国的军队都去打楚国了，国内空虚，就趁机来攻打吴

国。吴王阖闾见此情形，只好赶紧退兵回国，与越国交战。他的弟弟夫概也动了歪心思，趁机自立为王。

吴王阖闾的处境非常艰难，既没有吞并楚国，又被秦国和越国两面夹击，家里的王位还被弟弟霸占了。阖闾生气极了，就率领军队先回国把叛乱的夫概赶走。夫概打不过，逃到了楚国，楚王收留了他。

吴王阖闾咽不下这口气，第二年，又派太子夫差（chāi）攻打楚国，夺取了楚国的几座城市，逼得楚国不得不把都城迁到了别的地方。从此，吴国的威名就传遍了华夏。

吴王伐越

教训完楚国，吴王阖闾还要教训越国。趁着越国国君去世的时机，吴王阖闾起兵伐越，以发泄对越国趁乱偷袭的愤怒。

吴国国力强盛，越国国力弱小。面对强大的吴军，越国只好组织敢死队向前冲锋，可是接连组织了几次敢死队冲锋，却连吴军的皮毛都没有伤到。

新继位的越国国君叫勾践（gōujiàn），他见敢死队都没有用，就想了一个奇招。他派出一些犯死罪的囚徒走到吴军阵前，排成三列，举剑自杀。吴国军队从来没有见过这样的事情，觉得很奇怪，放松了戒备。此时此刻，越国军队突然发起进攻，冲散了吴国军队。

在这场战役中，吴王阖闾与越国一位将军激战，被斩下了大脚趾，身负重伤，死在了退兵回国的路上。

临终前，吴王阖闾拉着太子夫差的手说："你敢忘记是越王勾践杀了你的父亲吗？"夫差发誓说："绝不敢忘。"

在吴王夫差继位的第二年，吴国伐越，占领了越国的国都，为吴王阖闾报了大仇。

（故事源自《吴越春秋》《国语》《史记》）

名言名句　勉之！子能复之，我必能兴之。（〔春秋〕申包胥）——努力吧！你能颠覆它，我一定能使它复兴。

现存最早的兵书——《孙子兵法》

《孙子兵法》又叫《孙武兵法》《吴孙子兵法》等，是春秋时军事家孙武所著的兵书，共有13篇。这本书总结了春秋时期及以前的作战经验，揭示了战争的一般规律和作战原则，如"知己知彼，百战不殆"等。《孙子兵法》是世界上最早的军事著作，被奉为"兵家经典"，还被翻译成多种语言，影响广泛且深远。

你怎么看？

你怎么看待伍子胥和申包胥这一对朋友的友谊？

越王勾践卧薪尝胆图大计

勾践到吴国做奴仆

吴国在吴王阖闾这一代达到鼎盛，没想到阖闾竟然为越国人所杀。他的儿子夫差为了给父亲报仇，率领大军南下，几乎灭亡了越国。

越王勾践对广大臣民说："如果有哪位高人能帮我打败敌人，保住越国，我愿意把国家分给他一半。"

有一位大臣叫文种（zhǒng），他站出来对勾践说："大王，我听说商人卖货，夏天就要准备冬天的皮草，冬天就要准备夏天的纱衣，治理国家也是这样。国家无事的时候，就要想着培养人才。现在兵临城下了，您才想起来招贤纳士，就像下雨了您才想起来去买雨衣，未免太晚了些吧。"

文种顶撞勾践，勾践也不生气。他握着文种的手说："我以前不重视人才，怠慢了您，是我的错。现在国家危难，能够听到您的这一番话，也就不算晚。"

文种见勾践态度恭敬，就决定帮助他。文种孤身一人来到吴国的军营里，对吴王夫差说："我国国君知道错了，请吴国高抬贵手放过越国，越国愿做吴国的奴仆，越国所有的财宝都将奉献给您。如果您不肯，那我们只好与吴国决一死战。越国虽然弱小，但拼起命来吴国也必将损失惨重。这两种选择，您看着办吧。"

吴王夫差一听，觉得还是要越国的金银财宝比较划算。但是伍子胥坚决不同意。他说："大王一定要趁此机会灭掉越国以绝后患，错失这次机会，以后您后悔都来不及。"

文种又找到和伍子胥关系不好的另一位吴国大臣太（tài）宰（zǎi）嚭（pǐ）。文种送给他八名美女，并且许诺："如果您能让吴王放过越国，我还会送更多的美女给您。"

太宰嚭收了贿赂，就对吴王夫差说："自古以来，国与国之间打仗，只要让对方臣服就行，不用灭国。如今越国已经臣服了，何必再用兵呢？要是真把越国逼急了，我们什么也得不到啊！"吴王夫差听信了太宰嚭的话，就放过了越国。

越王勾践战败后，抚恤阵亡的将士家属，安顿好百姓，就来到吴国做奴仆。吴王夫差把他关在父亲阖闾陵墓旁边的一座石屋里，让他喂马。夫差每次出去，就让勾践给他牵马。在这里，勾践失去了全部的尊严，受尽屈辱。吴王夫差见勾践温顺得像绵羊一样，以为他真的臣服了，两年后把他放回了越国。

卧薪尝胆，终于复仇

勾践回到越国后，开始了复仇大业。他怕自己住在舒适的宫室里会贪图安逸，丧失斗志。于是，他舍弃了柔软的绫（líng）罗被褥（rù），在床上铺满柴薪，让自己睡不安稳。他还在屋里挂了一只苦胆，每天都要尝一尝它的苦味以提醒自己："勾践啊，和你在吴国受过的屈辱相比，哪个更苦呢？"

此时，越国国力衰微，人口很少。没有人口，就没有劳动力；没有劳动力，就种不出更多的粮食，也没有充足的军队保家卫国。因此，勾践大力鼓励越国百姓早点结婚，多生孩子。生男孩的奖两壶酒和一只狗；生女孩的奖两壶酒和一头小猪。孩子生得越多，国家给予的奖励越大。十年之后，越国的人口数量大幅度增长，更多的土地被开垦成农田。勾践和农夫一起耕地种田，他的妻子和农妇一样

故事里的成语 卧薪尝胆：在柴草上睡觉，舔尝苦胆。形容发奋图强，刻苦努力。 **47**

养蚕纺织，用自己的劳动来养活自己。十年里，国家没有收百姓一粒粮食，家家户户都有三年的余粮。

在努力发展自己的同时，勾践也在想方设法削弱吴国的力量。他大量收购吴国的粮食，使吴国粮库空虚，又故意给吴国送去上好的木材，好让吴王夫差盖新的宫殿，耗费人力物力。

伍子胥得知，赶紧劝说吴王夫差："我听说，越王勾践吃饭时从不超过两个菜，穿衣只穿自己夫人织布做的衣服，与百姓同甘共苦，这很明显是想找我们报仇，您一定要小心啊！"可是吴王夫差不听伍子胥的劝告，还听信太宰嚭的谗言，杀了伍子胥。

此时，吴王夫差的全部精力都放在了齐国。齐国是春秋时代老牌霸主，如今却已衰落了。春秋时期，天下的中心是黄河流域，称为中原。吴国作为一个长江流域的新兴大国，总是想要打到北方去，以显示自己的霸业。这一年，吴王夫差亲自带领大军北上，去黄池这个地方与诸侯会盟。为了彰显国力，夫差把精锐部队全部带走了，国内只有太子和一些老弱残兵留守。勾践得到消息，知道时机终于到了。

趁吴国国内空虚，勾践迅速集结部队，准备讨伐吴国。十年来，越王勾践与越国百姓同甘共苦、上下一心，都憋着一股劲儿想找吴国报仇雪恨。越国百姓父亲勉励儿子，妻子勉励丈夫，都说："国君待我们如同亲人一般，我们就算是为他去死也值得啊！"

越国百姓万众一心，打败了吴国的留守军队，并且捉住了吴国的太子。吴王夫差得知消息，只好赶紧领兵回国。本来这次会盟，吴国什么便宜也没占到，忽然又得知国内战败、太子被擒，军队士气非常低落，再加上这些年来吴王夫差不爱惜将士，大家都不想为他拼命，因此，仗还没打，吴国的军队就想着投降了。吴王夫差只好向越王勾践求和。

夫差战败求和

在接下来的几年中，越王勾践再次组织了两次对吴国的战争，终于攻破了吴国的都城。这一次，轮到吴王夫差请求越王勾践不要灭亡吴国了。可是越王勾践却说："上天曾经给了吴国一个机会吞并越国，但你没有珍惜，以至于落到今天的下场。如今，上天把这个机会给了越国，我怎么能违背上天的意愿呢？"

越王勾践不打算杀吴王夫差，他更希望羞辱夫差，就像夫差曾经羞辱他一样。他想把夫差安置在一个小地方，供他吃穿，让他眼睁睁地看着自己的国家变成越国的领地，一生都活在亡国之君的痛苦之中。

但夫差也是一个有骨气的血性男儿。他对越王勾践说："我老了，不能像当年你侍奉我那样侍奉你了。我只后悔，没有听伍子胥的话，葬送了吴国的数百年基业。"吴王夫差觉得自己死后无颜面对伍子胥，就用白布条蒙住眼睛，拔剑自杀了。

越国吞并了吴国之后，成了南方的超级大国，越王勾践也成为春秋时代的最后一位霸主。

（故事源自《国语》《史记》）

你怎么看？

　　同样是兵败后，越王勾践选择了忍辱负重，吴王夫差选择了宁死不降，你认为他们谁更有勇气呢？

三家分晋开启战国时代

权力被四大家族掌握

春秋末年，超级大国晋国遇到了一个大麻烦。

晋文公当上国君后，重用当时陪伴自己逃难的大臣们，比如狐偃、赵衰等人，并且为他们设立了六卿的职位，也就是国家最大的六个官。和国君的继承方式一样，六卿也是父亲死后儿子继承，在一家之内一代一代地传下去。一百多年后，晋国六卿权力越来越大，完全撇开国君。他们开始互相吞并，最后剩下了力量最强大的四家：智家、赵家、韩家、魏家。

智家水攻赵家

这四家中，智家的实力最强。智家的掌权人智伯瑶对晋国的问题心知肚明，正是因为卿族的势力欺压了公族，导致国君没有力量，号令也没人听，晋国才渐渐衰落。智伯瑶就对赵家、韩家和魏家说："你们看啊，我们晋国难道从此就要没落了吗? 连吴越这些小国都跃居晋国之上了, 这真是莫大的耻辱! 我们一定要重振晋国的国威! "于是, 智伯瑶就和赵襄子、魏桓子、韩康子商量: "我提议, 我们三家各献出土地给国君。我们智家带头, 献出土地和一万户人口给晋公。"

　　魏家和韩家也相继献出了土地, 只有赵家不同意。赵襄子说: "我赵家的土地, 是祖祖辈辈积累下来的, 不能在我手上丢失一分一毫。"赵襄子誓死不肯献出土地, 于是智伯瑶命令魏家和韩家共同发兵攻打赵家, 并且承诺, 灭掉赵家后, 三家平分赵家的土地。

　　赵家打不过三家的军队, 节节败退。就在这个不知何去何从的节骨眼儿上, 赵家的家臣张孟谈建议: "您的父亲曾经在晋阳城经营多年, 晋阳的城墙非常坚固, 百姓十分富足, 可以作为我们立足的基地。"于是赵襄子迁到晋阳, 凭借晋阳城的军事和民力优势, 严防死守。

晋阳城果然是一个绝佳的军事基地。每当三家兵马来攻打的时候，赵家军队就在城墙上放箭，让他们无法靠近。迟迟不能攻克晋阳城，三家的军心开始涣散。智伯瑶很着急，生怕再这样拖下去，魏家和韩家会生出二心。于是，他每天都在晋阳城外考察，希望找到新的突破口。

有一天，智伯瑶心情不好，策马来到汾水边散心。看着滔滔的河水，足智多谋的智伯瑶忽然心生一计：晋阳城虽然固若金汤，但是地势低洼，如果能将汾河水引到晋阳城……

于是，智伯瑶命人挖开汾水的河道，将水引到晋阳城。河水滚滚而下，晋阳城成了一片汪洋。房子被淹了，老百姓只好逃到房顶上去避难，大家都恨透了智伯瑶，痛骂他不讲武德。当初齐桓公号召各国在葵丘会盟时签订过协议，其中一条

就是不能将水患引至别国。如今智伯瑶为了攻城，竟然用这样狠辣的招数。晋阳城的老百姓十分愤怒，宁死不降。

智伯瑶正在洋洋得意地欣赏着自己的杰作。他站在高处指着晋阳城对魏桓子和韩康子说："我打了大半辈子仗，以前只知道护城河能拦住敌人，今天才知道，原来用河水灭掉一个城是这么容易啊！哈哈哈哈！"

智伯灭亡，韩、赵、魏三家分晋

说者无心，听者有意。魏桓子和韩康子听了智伯瑶的话，互相交换了一下眼神，擦了擦额头上的冷汗。原来，魏家和韩家所在的城池周边也各有一条河，说不定哪天也会被智伯瑶用同样的方法淹掉呢！

晋阳城里，赵襄子急得像热锅上的蚂蚁。家臣张孟谈对他说："如今晋阳城危在旦夕了，不如让我出城去找魏桓子和韩康子谈一谈，我看他们也不是心甘情

愿跟随智伯瑶的。"

于是张孟谈趁着夜色悄悄出了城，来到魏桓子和韩康子的帐下。张孟谈对他们说："智伯瑶是一个什么样的人你们很清楚，如今赵家就要灭亡了，你们魏家和韩家的丧日也就不远了。"这句话说到了魏桓子和韩康子的心坎里。在张孟谈的劝说下，他们决定背叛智伯瑶，和赵家一起联合起来反攻智家。

第二天夜里，智伯瑶正在熟睡中，忽然军营里炸开了锅。他定睛一看，到处都是水。原来是魏桓子和韩康子带人破坏了堤坝，把水引进了智伯瑶的军营。赵襄子趁机带领兵马从晋阳城里冲出来，三家兵马共同围攻智家，杀了智家一个措手不及。

智伯瑶死后，赵家、韩家、魏家趁机攻打智家的城池，杀光了智氏全族，并把智家的地盘平分了。此后，三家又一不做二不休，把晋国的国土全部瓜分，并且要求周天子撤销晋国的诸侯名分，将他们三家封为诸侯。从此，晋国消失了，取而代之的是赵国、韩国和魏国。

春秋的历史到这里画上了一个句号，更加混乱的战国时代拉开了帷（wéi）幕。

（故事源自《史记》《资治通鉴》）

名言名句　智伯灭而三晋之势成，三晋分而七国之形立。（〔清〕马骕）

齐国的求强之路

孙膑帮助田忌巧赛马

　　齐国国君为了壮大国家实力，广纳贤才，听取他们的意见。其中有一个人叫孙膑（bìn），是一个极懂军事的残疾人。他是魏国大将军庞（páng）涓的同门师弟，却受到庞涓的排挤和陷害，被挖去了膝盖骨。孙膑想办法从魏国逃到齐国，成为齐国大将军田忌的门客。

　　一开始，田忌并不重视孙膑。直到有一次，田忌参加国君组织的赛马活动，才见识到孙膑的厉害。

　　赛马规则中将马分为三个等级：上等马、中等马和下等马，分别进行三场比赛。田忌的马当然不如国君的马好，所以三场比赛都输了。孙膑看了比赛，对田忌说："我有一个办法可以让将军赢得比赛。"田忌不信，他说："国君的马是全国最好的马，我跟他比过很多次了，从来没有赢过。难道先生您还有绝招让我的马跑得更快吗？"孙膑神秘地摇摇头说："我不能让您的马跑得更快，但我有办

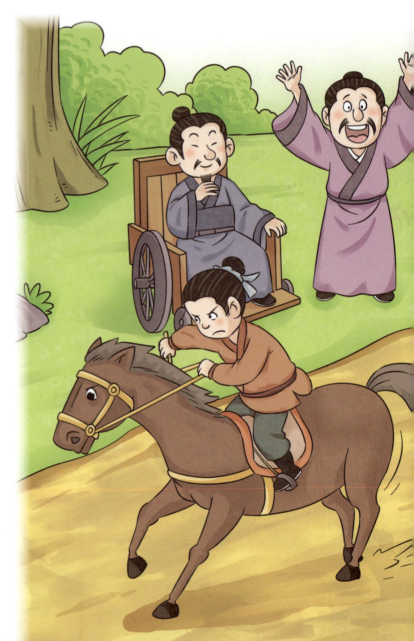

法让您赢得比赛，您只要跟国君说再比一场就行了。"

田忌听了孙膑的话，对国君说："国君，刚才我的马没有发挥好，我想和您再比一场。"国君同意了，于是比赛再次开始。

第一场，国君派出了上等马，田忌也准备派出上等马，却被孙膑拦住了。孙膑说："这一局，请您派出下等马去对战国君的上等马。"田忌一脸惊讶地说："这不是让我输得更惨吗？"孙膑笑了笑说："您就听我的吧，保证您赢。"

于是，田忌派出下等马对战国君的上等马，结果毫无悬念地惨败。国君大笑："田忌啊，你的马这一场好像发挥得更差了！"田忌脸上有些挂不住，就用责备的眼神看向孙膑。孙膑却依然是胸有成竹的样子。

第二场，国君派出了中等马。孙膑说："这一次您可以派出您的上等马了。"于是，田忌的上等马对战国君的中等马，很轻松地赢得了比赛。国君大吃一惊，田忌恍然大悟。

第三场，国君只剩下下等马，田忌只剩下中等马。再一次，田忌的中等马很轻松地赢了国君的下等马。

同样还是这三匹马，只是调整了一下出场顺序，就轻松赢得了比赛。国君和田忌由此见识到了孙膑的才能，请他做齐国的军师。

从此，齐国有邹忌主持改革，有孙膑指导军事，终于成为强国。

齐国围魏智救赵

有一年，魏国攻打赵国，将赵国的国都邯郸团团围住，马上就要破城了。赵国向齐国求援，齐国国君命田忌为大将军，孙膑为军师，发兵八万援救赵国。

这一次，魏国派出攻打赵国的大将军是孙膑的同门师兄庞涓，也是一个不可多得的军事人才。他带领着魏国的精锐部队围攻赵国国都，势在必得。田忌做好了打硬仗的准备，他想："作为一个战士，就是要为国家开疆拓土、守卫边关，死在战场上是一个战士莫大的光荣。"田忌握着孙膑的手说："先生，这一次发兵邯郸，就让我们视死如归吧。"

孙膑说："不，我才不去邯郸送死呢。"

田忌说："难道先生是贪生怕死之徒吗？"

"有意义的牺牲叫作勇，没有意义的牺牲叫作蠢。我们明明有更好的办法，为什么要去邯郸和魏国的精锐部队硬碰硬呢？况且，我们在路上看到两个人打架，难道就要把自己搭进去跟着打吗？拉架可不是这样拉的。"孙膑继续说，"魏国把精兵强将都派出去攻打赵国了，留在国内的都是一些老弱病残，如果此时我们派兵去攻打魏国的国都，那攻打赵国的魏国军队势必火速赶回去救援，这样一来，赵国的危机不就解除了吗？"

田忌听了孙膑的妙计，发兵攻打魏国。庞涓只好带着兵马从赵国撤离，火速

回国救援。路上，孙膑早就在险要的地方设下了埋伏，疲惫（bèi）的魏国军队被打得溃（kuì）不成军。齐国军队打了大胜仗，赵国的危险也解除了。孙膑在这场战争中大败了庞涓，报了当年被挖去膝盖骨的仇。

13年后，孙膑与庞涓再次在战场上相遇。孙膑用自己的聪明才智困住了骄傲自大的庞涓，庞涓最终兵败自杀。从此，魏国元气大伤，齐国成为新的东方霸主。

（故事源自《战国策》《史记》）

知 识 卡 片

深衣是什么样的衣服？

春秋战国时期，贵族比较流行的衣服叫深衣。为什么叫深衣呢？原来，在古老的词汇里，衣是指上半身的衣服，裳（cháng）是指下半身的衣服，上衣和下裳原本是分开的。后来，人们把上衣和下裳缝在一起，变成一件长长的衣服，可以从肩膀一直盖到脚，这样身体就深藏不露了。这种款式的衣服，就叫深衣。深衣是诸侯、大夫等贵族阶层的家居便服，也是平民百姓的礼服，是华夏衣裳的经典代表。

围魏救赵：齐国围攻魏国以救赵国。指袭击敌人后方据点以迫使敌方撤退的战术。比喻绕开问题的表面现象，从事物的本源上去解决问题。

立木为信商鞅变法

秦孝公任用公孙鞅变法

秦孝公有一个心病:几百年来,秦国一直处于西北边陲(chuí),虽然也是周的诸侯国,但始终被中原的国家视作戎狄,在文化上被瞧不起。在他祖父和父亲的时候,还被魏国抢占了一大片土地。秦孝公想,我一定要壮大秦国的力量,让你们这些老牌的华夏大国都向我俯首称臣。秦孝公深知,人才是发展的第一动力,于是他向全天下发布了一道告示:四海之内有能帮助秦国强大的人,我将给你高官厚禄(lù),并且分给你国土。

公孙鞅看到这个告示,觉得秦孝公是一个了不起的国君,自己可以去秦国干一番事业。于是,公孙鞅从魏国来到了秦国。

公孙鞅多次拜见秦孝公,给秦孝公讲了国家应当变革的各项政策,秦孝公觉得他说得很有道理,决定任用他主持变法。

变法是一件很难的事情,大家都不信任他,因此公孙鞅变法遇到了很多阻力。为了树立威信,公孙鞅做了一件事。

他在集市南门竖起一根三丈高的木头,并且发布告示:"谁能把这根木头扛到集市北门,奖赏十两金。"大家都觉得很奇怪,但没有人来扛。公孙鞅又把赏金提高到五十两。有个壮汉抱着试一试的心态把木头扛到了北门,公孙鞅马上赏给他五十两金。百姓发现,原来这个叫公孙鞅的人是说一不二的!

公孙鞅用一根木头赢得了百姓的信任,他主张的新政策也得到顺利推行。他命令国内成年的男子结婚以后必须分家,全国的大家族都要变成小家庭,这样才能便于国家管理。他命令百姓必须回归种地织布的劳动中,这样才能让国家有充足的粮食,才能让更多的人吃饱穿暖。种地种得特别好的农民可以得到额外的奖励,而那些又懒又穷的无业游民和耍小聪明的商人,都要抓起来去做奴隶。秦国民风尚武,打架斗殴的事情时常发生。公孙鞅又发布了一道命令:凡是私斗者,都要被抓起来处以刑罚;上战场杀敌立功者,可以加官晋爵(jué)。

　　经过公孙鞅的变法，秦国的百姓都特别乐于种地和参军，国家的粮仓越来越满，军队的战斗力越来越强，秦国终于成为一个兵强马壮的国家。秦孝公对公孙鞅非常满意，兑现了当初分地封官的承诺，奖赏商邑这个地方作为公孙鞅的封地，所以历史上又把公孙鞅称为商鞅。

变法遭到反对

　　商鞅变法是秦国走向富强的重要转折点。但是，商鞅变法也引起了秦国国内许多反对的声音。因为商鞅主张赏罚分明，对那些犯了错的人，惩罚起来丝毫不留情面。

　　有一次，太子犯了法，商鞅要按照法律惩罚他。大家为太子求情："法律是用来管理老百姓的，太子是未来的国君，怎么可以处以刑罚呢？"商鞅说："法律面前人人平等，只有这样，新法才能推行下去。如果上层贵族触犯法律就不能处罚，那么法律就没有权威了，老百姓也就不会拿新法当回事了。"

　　双方争吵了半天，谁也不肯让步，最后终于达成了一个方案：由太子的老师替太子接受处罚。商鞅认为，太子没有教育好，是太子老师的过错，于是就按照律法，割掉了太子老师公子虔（qián）的鼻子。从此，国内再也没有人敢对新法提出质疑了，但是公子虔和商鞅就此结下了深仇大恨。

　　十几年后，秦孝公去世，太子继位，成为新的秦王。商鞅失去了国君的支持，那些曾经被他处罚过的贵族都开始有仇报仇，有怨报怨。公子虔诬（wū）告商鞅谋反，秦王于是下令抓捕商鞅。

　　商鞅知道自己树敌太多，只好孤身一人逃亡至边关。到了晚上，他想找一家客栈投宿，客栈主人要检查他的身份证明，没有身份证明就不让住店。这是商鞅自己制定的法律，留宿没有身份证明的客人是要被治罪的。商鞅只好在茫茫夜色中继续赶路。他想逃到魏国去，可是他曾经跟魏国打过仗，还生擒了魏国的太子，

也结下了仇怨，所以魏国也不允许他入境。

走投无路的商鞅只好回到自己的封地商邑。他知道，国君的兵马早晚会来捉拿他的，与其这样，不如奋起一搏。于是他组织了自己的军队，想要反击。但是，秦国的军队是他一手操练出来的，兵强马壮，根本就不是他的私人军队可以匹敌的。最终，商鞅兵败身死。秦王和那些曾经被新法损害过利益的旧贵族恨透了商鞅，他们把商鞅的尸身带回国都，施行了五马分尸的刑罚。

商鞅死了，但秦国还将沿着他的新法继续富强下去，成为战国时代最终的赢家。

（故事源自《史记》）

知 识 卡 片

伟大的水利工程都江堰（yàn）

四川成都一带，古时候属于古蜀（shǔ）国。战国时期，秦国灭掉了古蜀国，在这里设立蜀郡（jùn），任命李冰为蜀郡太守。蜀郡这个地方有一条江，叫岷江，年年发大水，给百姓带来了极大的灾难。李冰上任以后，下决心要治理水患。于是，他吸取前人的经验，带领当地的老百姓，经过二十多年的艰苦奋斗，终于修建成了著名的都江堰水利工程。都江堰成功治理了岷江水患，使成都平原成为沃野千里的"天府之国"。历代王朝都很重视都江堰的维护，要求当地政府定期疏通水道、排出泥沙。两千多年来，都江堰始终发挥着防洪灌溉的作用，是全世界迄（qì）今为止年代最久、唯一留存、仍在一直使用的宏大水利工程。

你怎么看？

商鞅的新法使秦国富强，他自己却最终落得悲惨的下场，他哪里做错了吗？

苏秦促成合纵联盟

苏秦奋发图强

当商鞅的人生画上句点时，战国时代另一位重要人物苏秦登上了历史舞台。

苏秦是穷人家的孩子，尽管他很努力地耕种，仍然常常挨饿受冻。他意识到，如果一辈子种地，是永远都不会有出头之日的。于是，他辞别了家中亲人，去拜一位著名的智者鬼谷子为师。他听说，魏国著名的大将军庞涓、齐国著名的大军师孙膑，都是鬼谷子的学生。苏秦也想像他们一样，在乱世的纷争中凭借自己的本领干出一番事业。

苏秦跟从鬼谷子学习了几年，毕业后，他辞别老师，满怀壮志地游历各国，希望能够找到一个赏识自己的君主。可是，他游历了几年，却始终没有人愿意用他。最后，穷困潦（liáo）倒的苏秦只好灰溜溜地回了家。家人讥笑他不老老实实在家里种地，痴心妄想着空口白牙就能发家致富。

苏秦虽然受尽了白眼，但是没有放弃。他想，一定是因为自己学艺不精，所以才没有人愿意用他。这时候，苏秦得到了一本奇书，叫《阴符》，讲的是各种权谋的策略。苏秦于是闭门不出，日夜苦读，实在困得要睡着的时候，就用锥子扎自己的大腿。一年后，苏秦从房中冲出来仰天大笑："我终于研究出称霸天下的策略了，从此以后，天下就在我的掌握之中啦！"

街坊四邻都以为苏秦疯了，纷纷来看他的笑话。苏秦不理他们，收拾行李，再一次离开毫无温情的故土和冷嘲热讽的亲戚邻居，周游列国去了。

能言善辩促成合纵联盟

苏秦先后到了几个国家，但都没有得到机会，最后他来到燕国。

燕国国君燕文侯给了苏秦一个交谈的机会。苏秦一展雄辩的时候到了，他对燕文侯说："燕国之所以没有战祸，是因为南边的赵国和秦国互相牵制。这几年，秦国和赵国打了好几场仗，各有胜负，燕国在大后方，才能高枕无忧。而且，赵国离燕国近，秦国离燕国远，秦国如果想要攻打燕国，必须穿过赵国，赵国就是燕国抵御秦国的最好屏障。而赵国如果要来打燕国，几天之内就能赶来。因此，您如果想要燕国长治久安，就必须和赵国搞好关系，结为同盟，共同抵御强秦。"

燕文侯听了苏秦的话，觉得很有道理。他说："先生所言的确能使燕国安定，可我就怕赵国不愿意与燕国结盟啊！"

苏秦说："这个您不用担心，包在我身上。"

于是燕文侯就送给苏秦车马钱财，请他去赵国游说（shuì）赵国国君。

苏秦来到赵国对赵肃侯说："天下七国，赵国是中原最强大的国家了，只有西方的秦国能与赵国相争。可是，如果赵国不能选择正确的外交策略，那么总有一天会被秦国灭亡的。"

赵肃侯说："怎么会呢？我们赵国和秦国关系挺好的。"

"不，赵国和秦国是不可能成为朋友的。"苏秦拿出地图接着说："您看，如果赵国和秦国交好，那么秦国一定会转而削弱韩国和魏国。韩国和魏国打不过，只能割让土地给秦国。秦国一旦取得了韩、魏两国的土地，那么兵临赵国城下也就轻而易举了。"

赵肃侯看着地图，觉得苏秦说得很有道理。

苏秦继续说："事实上，又何止是韩、魏两国呢？如果秦国去侵犯别的国家

时，赵国不帮助别的国家抵抗，那么秦国就会把各国一个一个地吃掉，最后，赵国也逃不出秦国的虎口。您现在还认为赵国和秦国可以做朋友吗？"

赵肃侯擦了擦额头上的冷汗，对苏秦说："幸亏先生提醒，不然我赵国真的是离亡国不远了。请先生出谋划策，为我赵国想出一个长治久安的好办法！"

苏秦指着地图说："您看一看天下的形势，秦国虽然强，但是比起六国来又怎么样呢？六国土地的总和是秦国的五倍，六国士兵的总和是秦国的十倍。假如六国各自为战，就会被秦国各个击破。假如六国合为一体，齐心协力，难道还怕打不过秦国吗？"

接下来，苏秦又为赵肃侯讲解了六国结成联盟后，如果秦国想要攻打其中任何一个国家，其他五国应当怎样出兵共同御敌的策略。苏秦说："如果六国亲如一家，秦国就半步也走不进中原了。那么，六国中最强大的赵国，自然就会成为天下的霸主了。"

赵肃侯听了苏秦的话，感到非常佩服。他说："先生能使天下得以生存、六国得以安定，我愿意把国家托付给您，听从您的指挥。"于是，赵肃侯为苏秦准备了一百辆车，带上丰厚的黄金玉帛（bó），请他去游说其他各国。

苏秦又用同样的方法劝说了韩国、魏国、齐国、楚国，各国国君都愿意加入联盟，恭恭敬敬地把国家托付给了苏秦，并拜苏秦为相。因为六国的地理位置总体来说是纵向的，所以这个联盟叫作"合纵联盟"。苏秦成为这个合纵联盟的"纵约长"。

身佩六国相印的苏秦坐着马车，路过了自己的家乡。这一次，他的家人恭恭敬敬地跪在路边，身体伏得低低的，额头磕到了地上，不敢抬头看他。苏秦笑着对他们说："为什么以前对我那么傲慢，现在又对我这么恭敬呢？"家人回答："因为您现在地位显贵啊！"苏秦感叹道："以前我贫贱的时候，连家人也瞧不起我。如今我富贵了，家人就敬畏我。唉，若不是当年你们那么羞辱我，我也不会憋着一口气非要出人头地。如果那时我在郊外有两亩薄田可供生存，我又怎么会有今天呢？"

　前倨（jù）后恭：之前傲慢，后来恭敬。形容对人的态度前后截然不同。倨，傲慢。

合纵联盟破裂

事实证明，苏秦的方法是有效的。合纵联盟达成后，秦国在之后的15年中，再也不敢踏入中原半步。可是，时间一长，国与国之间又存了私心。在秦国的挑拨下，合纵联盟最终破裂。

当时，第一个赏识苏秦的燕文侯去世，齐国趁机发兵来攻打。为了报答燕文侯的知遇之恩，惩罚齐国破坏合纵联盟的行为，苏秦决定，穷尽毕生之力，效忠燕国，削弱齐国。

苏秦假装得罪燕王，逃往齐国，得到了齐国的重用。接着，苏秦劝说齐王大兴土木，目的是消耗国力，搞垮齐国。苏秦在齐国受到重用，引起了齐国一些大臣的不满，于是他们派刺客去刺杀苏秦。苏秦受了重伤，自知活不了多久了，但是凶手没有抓到，他咽不下这口气。

苏秦对齐王说："请您给我定一个通敌卖国的罪名，将我处以车裂的刑罚，然后发布告示，赏赐那个刺杀我的人，这样一定能够使他现身。"齐王答应了苏秦的请求，果然抓到了刺客，为苏秦报了仇。

苏秦死后，他为燕国破坏齐国的很多事情最终泄露了，世人都感到非常吃惊。

（故事源自《史记》）

知 识 卡 片

各诸侯国使用一样的货币吗？

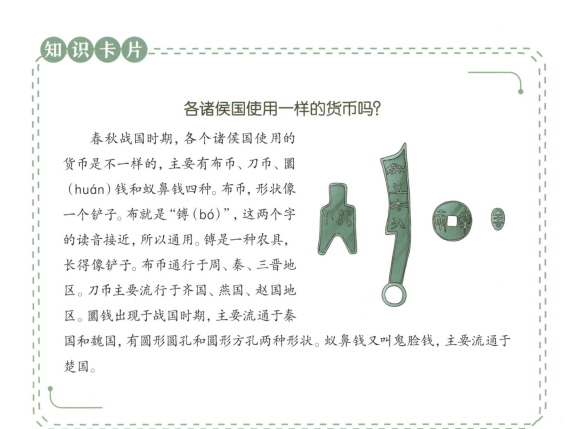

春秋战国时期，各个诸侯国使用的货币是不一样的，主要有布币、刀币、圜（huán）钱和蚁鼻钱四种。布币，形状像一个铲子。布就是"镈（bó）"，这两个字的读音接近，所以通用。镈是一种农具，长得像铲子。布币通行于周、秦、三晋地区。刀币主要流行于齐国、燕国、赵国地区。圜钱出现于战国时期，主要流通于秦国和魏国，有圆形圆孔和圆形方孔两种形状。蚁鼻钱又叫鬼脸钱，主要流通于楚国。

你怎么看？

你赞同苏秦合纵联盟的策略吗？

张仪拆散合纵联盟

苏秦"助"张仪去秦国做宰相

苏秦在鬼谷子老师门下学习的时候，有一个同学名叫张仪。苏秦觉得，如果世界上有人比自己聪明，那一定是张仪了。两人毕业后，就各自周游列国去了。张仪比苏秦的情况还要惨淡一点，当苏秦在赵国为相时，张仪还在穷困潦倒地浪迹天涯。

有一次，张仪来到楚国，楚国的宰相假意招待他吃饭，其实是想侮辱他。宴席散了之后，张仪刚回到住处，宰相家的侍卫就来捉拿他，说宰相家丢了一块玉璧（bì），一定是被张仪偷去了。张仪辩解，可没有人听，还把他抓起来用鞭子抽打了好几百下，打得他遍体鳞（lín）伤。可怜的张仪奄（yǎn）奄一息地回到家中，他的妻子还数落他："你看你，非要学什么游说君王的本事，要是听我的，在家好好种地，哪里会受到今天这样的羞辱呢？"张仪说："你看看我的舌头还在不在？"妻子说："当然在啦，就是你这舌头惹的祸。"张仪说："舌头在就行了，你等着吧，我一定会用这条舌头换来荣华富贵的。"

这时，苏秦正准备劝说六国结盟，他怕事成之前秦国会出兵攻打，扰乱他的计划。思来想去，如果此时能安排一个人去秦国暗中相助，那是再好不过了。于是，他想到了自己的老同学张仪。

苏秦暗地里派人去劝说张仪，让张仪来投奔自己。张仪来到赵国，求见苏秦，苏秦却故意傲慢地不见他，只给他吃残羹（gēng）冷饭，还用难听的话刺激他。张仪受到侮辱，对苏秦充满了怨愤，生气地离开赵国，临走时撂（liào）下话："苏秦，你别太得意，我一定会让你见识到我的厉害！"

张仪想，普天之下，只有秦国能与赵国匹敌，要想报复苏秦，必须去秦国谋个差事。于是张仪就去了秦国。而这一切都在苏秦的计划之中。苏秦暗中派人去秦国帮助张仪，在吃穿用度上资助他，并且帮他打点关系，使他能够顺利地见到秦王。秦王果然看中了张仪的才能，封他做了宰相。

张仪当了宰相，想要感谢那个帮助他的人，可是那人却拒绝了，并且告诉他："不是我在帮助你，而是苏秦先生在帮助你。苏先生常常感慨自己的智慧不如你，又怕你在赵国安于做一个小小的谋士，所以才一再羞辱你，就是要激起你的斗志，让你到秦国来获得更大的发展。如今你的目标已经实现了，我也可以回去复命了。"

张仪这才恍然大悟："哎呀！原来是这样！我的智慧怎么能比得上苏先生呢？请您替我感谢苏先生，并且转告他，只要他在赵国一天，我就不会去攻打赵国。而且，赵国有苏先生坐镇，我又哪里是他的对手呢？"

张仪逐一拆散联盟

后来苏秦不在赵国了，张仪就开始图谋拆散合纵联盟。当年苏秦把六国一个一个联合在一起，如今张仪就要一个一个把他们拆散。他首先看准了魏国。

这一年，秦国派兵攻打魏国，占领了魏国的土地。张仪对秦王说："现在正是降服魏国的好时候，请您按照我的计策，把占领的土地还给魏国，并且派一个儿子到魏国去做人质。"秦王照办了。

张仪又来到魏国，对魏王说："您看，秦国对魏国多么仁厚啊！秦国是真心与魏国交朋友，魏国也应该有所表示吧。您再看赵国，虽然号召各国合纵，可从来没给过您实惠啊！"

在这种打一巴掌再给个甜枣的策略下，魏王也对秦国感恩戴德，便将两座城池送给秦国，以表示对秦王的感谢，并且决定请张仪做魏国的宰相。

张仪继续劝说魏王退出合纵联盟，拜秦国为大哥。张仪说："您看魏国的地势，一马平川，没有天险可以凭借。再看魏国的位置，南面挨着楚国，西面挨着韩国，北面挨着赵国，东面挨着齐国。如果您和南边的楚国亲近，齐国就会攻打您的东边；您和东边的齐国亲近，赵国就会攻打您的北边；得罪了韩国，韩国就会攻打您的西边；得罪了楚国，楚国就会攻打您的南边。您看，魏国的处境多么艰难啊！虽然现在六国看上去是合为一体，发誓要共同抗秦，但这是不可能实现的。纵然是一家的兄弟姐妹，还有为了家产大打出手的时候，更何况是六个国家。"

魏王听了张仪的话，觉得魏国的形势实在是太危险了，怎么能把国家希望完全寄托在一个不一定靠得住的联盟上呢？

张仪接着说："我给您出个主意，如今最好的办法是拜秦国为大哥。有了秦国这座靠山，哪个国家敢打魏国呢？这样您就可以高枕无忧了。"

魏王想了想，魏国弱小，在六国联盟中也说不上什么话，还不如投靠秦国，大树底下好乘凉。于是魏国就退出了六国的合纵联盟，拜秦国为大哥。

秦国说服了魏国，又开始打齐国的主意。但是齐国和楚国是联盟，如果贸然攻打齐国，楚国肯定会出兵援助。所以，当务之急是离间齐国和楚国的关系。

张仪和楚国是有仇的。他当上秦国宰相时，给楚国宰相写了一封信："以前我没有偷你的玉璧，你却用鞭子抽我。现在，你可要好好守护你的国家，我准备要来偷你的城池了。"

张仪来到楚国，对楚王说："如果您愿意与齐国断绝关系，我将为您奉上秦国六百里土地，秦国与楚国永远结为兄弟。"

楚王听了很高兴，白捡的便宜，怎么能错过呢？

可是聪明的大臣陈轸（zhěn）向他建议："可不能听张仪信口胡说。秦国之所以重视楚国，是因为楚国与齐国的联盟关系。如果楚国和齐国断绝关系，那么就会孤立无援。您想想，这样一个孤立无援的楚国，秦国说打就打来了，凭什么

要白白给您六百里土地呢?"

楚王不听劝,说:"你可闭嘴吧!等我拿到了秦国的土地,看你还有什么可说的。"

于是楚国就和齐国断绝了联盟关系,还羞辱了齐国一番。齐国受到楚国的羞辱,非常愤怒,转身就投向了秦国的怀抱。

这时候,楚王派使者去秦国接收六百里土地。张仪说:"我这里有六里土地,是秦王赏赐给我的,你要的话就拿去吧。"使者说:"我是奉命来接收六百里土地的,怎么变成六里了?"张仪说:"哪有什么六百里,一定是你们听错了。"使者没有拿到土地,回国报告楚王。楚王气得直跺脚,立刻要发兵攻打秦国。

陈轸对楚王说:"我现在可以张嘴说话了吧?事情已经发生了,懊(ào)恼也没有用。我们肯定是打不过秦国的,与其这样,不如割让一些土地献给秦国,请秦国和我们一起攻打齐国。这样,我们就可以把割让给秦国的那些土地从齐国补回来。"

楚王依然不听他的话,发兵攻打秦国。秦国和齐国结为联盟,共同攻打楚国。毫无悬念,楚国输了,失去了大片国土。

秦国又对楚国提出,想要用秦国的一块土地交换楚国的另一块土地。楚王说:"不,我们不要秦国的土地,只要秦国交出张仪,我们愿意献出土地。"

秦王知道楚王是对张仪怀恨在心,如果把张仪交给楚国,张仪一定是死路一条。可是张仪却主动要求前往:"您放心,我一定可以平安脱险的。"

于是张仪来到了楚国。他刚一到,楚王就把他抓起来关在了牢狱里,准备杀掉他。

楚国有一个大官叫靳(jìn)尚,和张仪是好朋友。张仪临行前已经私底下送了很多金银财宝给他,请他帮忙打点。靳尚与楚王的爱妃郑袖关系很亲近,他对郑袖说:"您的地位马上就要保不住了!"

郑袖大吃一惊,忙问怎么回事。靳尚说:"您还不知道吗?张仪可是秦王最钟爱的臣子,如今大王把他关在牢狱里,秦王正在想办法救他。我听说,秦王打算送给大王很多擅长歌舞的美女,这样一来,您恐怕就要被大王冷落了。依我看,您不如替张仪求情,请大王将他放了。"

郑袖生怕自己的宠爱被人夺走，就听信了靳尚的话，在楚王面前为张仪求情。事情不出张仪所料，楚王果真放了他。

就在这个时候，苏秦的死讯传来。张仪很伤心，但他知道，从此这个世界上，再也没有人能够阻挡他和秦国的事业了。于是，张仪先后游说了楚国、齐国、赵国、燕国，让他们分别和秦国建立友好关系。各国都怀着私心，希望自己和秦国交好，将战祸引向别的国家。张仪正是利用了他们的私心，很轻易地破坏了苏秦建立起来的合纵联盟。

（故事源自《史记》）

知识卡片

大型打击乐器——曾（zēng）侯乙编钟

1978年，湖北随州曾侯乙墓出土了一架编钟。曾侯乙是一个小诸侯国曾国的国君，在史籍上找不到关于他的记载，但曾侯乙墓的发掘，是一次重大的考古发现。这架曾侯乙编钟全套共65件，分3层8组悬挂在呈曲尺形的铜木结构钟架上。每件钟均能奏出呈三度音阶的双音，全套钟12个半音齐备，能演奏五声、六声或七声音阶乐曲。曾侯乙编钟是中国迄今发现的数量最多、保存最好、音律最全、气势最宏伟的一套编钟，代表了中国先秦礼乐文明与青铜器铸造技术的最高成就。

你怎么看？

如果六国能够像苏秦设想的那样齐心协力，他们能抵御强秦吗？

蔺相如完璧归赵

蔺(lìn)相如带玉璧去秦国

从前，有一块玉璧，名叫和氏璧，是天下至宝。有一天，赵王得到了它。可是，消息传到了秦国，秦王也很眼红。赵王的和氏璧还没抱热乎，秦王就写了一封国书来，称愿意以十五座城池换这块和氏璧。

秦国强大又蛮横不讲理，赵王知道，如果把和氏璧给了秦国，就像是肉包子打狗，不仅和氏璧留不住，那十五座城池也是绝对得不到的。可是，如果不给秦国呢？有大臣提出："秦国这是先礼后兵，如果我们不理会秦国的国书，他们就有借口发兵来攻打我们。这样一来，不仅和氏璧保不住，就连赵国的江山恐怕也会丢掉啊！"

君臣思来想去，决定派一个使者去秦国。可是，找了半天也没有找到合适的人选。

这时，一个内臣说："我有一个叫蔺相如的门客，可以担此重任。"

赵王问："他有什么过人之处吗？"

内臣回答："蔺相如既有智慧又有勇气，能够担当出使秦国的重任。"

于是赵王召见蔺相如，问他："秦王说要用十五座城池换和氏璧，你认为我们应该怎么做？"

蔺相如说："秦国强，赵国弱，除了答应他，还有别的选择吗？"赵王说："可我担心秦国拿了和氏璧却不给我们城池。"蔺相如说："如果赵国不答应，那就是赵国理亏。如果秦国拿了玉璧而不给城池，那就是秦国理亏。依我看，我们还是要在道理上站住脚。"

蔺相如看赵王忧心忡（chōng）忡的样子，于是拍着胸脯说："我愿意为大王捧着和氏璧出使秦国。如果秦王信守承诺，我就把和氏璧给他；如果他骗我们，我一定把和氏璧平平安安地送回您的手中。"

赵王没有更好的办法，就把和氏璧交给了蔺相如，目送他前往秦国。

蔺相如和秦王的交锋

秦王在一个小宫殿接见蔺相如，蔺相如把和氏璧献给秦王。秦王一脸贪婪（lán）地接过和氏璧，给后宫的妻妾和侍从传看，半句话都不提城池的事。

蔺相如看出秦王根本就不打算给赵国城池，就对秦王说："玉璧上有个小瑕疵，请让我指给您看。"

秦王于是叫蔺相如上前来，把玉璧交给他。

蔺相如拿了和氏璧，向后退了几步，靠着柱子站定，对秦王怒目而视，说："大王您想得到和氏璧，写信给赵国说愿意以十五座城池来交换。赵国的大臣都说秦国狡诈（zhà），想要用一句空话来骗取玉璧。但是我认为，就算是平民百姓也知道欺骗是不对的，更何况是大国呢？于是赵王恭敬地斋戒（zhāijiè）了五天，派我捧着玉璧前来，以表示对秦国的尊重，可是您就在这么一个不庄重的小宫殿见我，把和氏璧传给妻妾仆人把玩，丝毫没有大国的礼节。我看您并不打算兑现十五座城池的承诺，所以我把玉璧收回来。如果您要逼我，那么今天我的头颅（lú）就和玉璧一起撞碎在这个柱子上。"说罢，就举起和氏璧，要往柱子上撞。

秦王吓坏了，生怕他真的撞坏了这天下至宝，就立刻请求他不要这么做，并且叫来官员呈上地图，随手指了十五座城池划给赵国。

蔺相如不相信秦王，他知道一旦把玉璧交出去，自己手上就没有交换城池的筹（chóu）码了。于是他说："和氏璧是天下至宝，应该有庄重的交换仪式。此

前，赵王已经斋戒五天，如今也请秦王斋戒五天，然后在秦国最宏伟的宫殿上举行盛大的典礼，我才敢献上玉璧。"

秦王看蔺相如是个不怕死的勇士，生怕激怒他，就答应了。

蔺相如完璧归赵

蔺相如在秦王安排的客馆住下，客馆四周都有重兵把守。蔺相如在跟随自己来秦国的仆从中挑选了一个机敏勇敢的，让他穿上粗布衣服，怀中藏好和氏璧，找准机会逃出客馆，抄小路回到了赵国。

五天以后，秦王在大殿上举行仪式，请蔺相如呈（chéng）上和氏璧。蔺相如说："秦国从秦穆公以来，二十多位君王，没有一个是言而有信的，秦国的口碑已经烂透了。我怕被您骗，白白丢了和氏璧，对不起赵王，所以我就先派人把和氏璧送回赵国了。"

秦王气坏了。蔺相如接着说："您不必动怒。秦强赵弱，此前您只用一封信，赵国就派我带着和氏璧前来。如今，您如果愿意先割让十五座城池给赵国，赵国一旦接管了城池，难道还敢占您的便宜，不把和氏璧给您送来吗？"

秦王的侍从要把蔺相如拖下去处死，秦王说："算了，杀了他也得不到和氏璧，还白白破坏了两国邦交。"于是就放了蔺相如。

最终，秦国没有给赵国城池，赵国也没有交出和氏璧。最重要的是，赵国没有受到秦国的侮辱。

（故事源自《史记》）

和氏璧的来历

和氏璧是中国历史上著名的美玉。相传，楚国有一个叫卞（biàn）和的人，他在荆山上挖到了一块璞（pú）玉。璞玉，就是玉包裹在石头中间，还没有脱去石头的外衣。卞和知道这是一块天下奇宝，就将它献给楚厉王。楚厉王让工匠鉴别，工匠说："这明明是块石头啊。"楚厉王认为卞和欺骗自己，就令人砍去了他的左脚。后来，到楚武王的时候，卞和又去献玉。楚武王令工匠鉴别，工匠又说："这明明是块石头啊。"楚武王认为卞和欺骗自己，就令人砍去了他的右脚。后来，到楚文王的时候，楚文王接受了卞和的璞玉，令人切开一看，果然是一块世所罕见的宝玉。因为是卞和所献，所以这块玉被称为"和氏璧"。后来，楚国向赵国求婚，和氏璧到了赵国。这才有了蔺相如完璧归赵的故事。相传，秦始皇统一天下后，终于得到了和氏璧，并将它雕刻成了传国玉玺（xǐ）。

你怎么看？

如果你是赵国的使者，你还有别的办法保全和氏璧吗？

信陵君窃符救赵

侯嬴做信陵君门客

　　信陵君魏无忌是魏王的弟弟，也是魏国的顶梁柱。信陵君为人谦和，爱交朋友，礼贤下士，天下有才能的人纷纷前来投奔他，做他的门客。信陵君为这些门客盖了宽敞的房子，给他们高额的俸禄，并且对他们十分有礼貌。其他国家听说信陵君拥有门客三千人，十多年都不敢来攻打魏国。

　　他听说，有一位隐士名叫侯嬴（yíng），七十多岁了，在城门口做守门人，家里穷得叮当响。于是，信陵君就到城门口去找他，带了很多钱财，希望他做自己的门客。

　　侯嬴瞥（piē）了信陵君一眼，说："我不去。我洁身自好一辈子了，谁稀罕你的钱。"

　　信陵君想，一定是因为我还不够礼貌，没有给侯嬴足够的尊重，所以他才不肯来。于是，信陵君选定了一个良辰吉日，在府上大摆宴席，邀请了魏国有头有脸的人物，要举行一个迎接侯嬴的仪式。

　　等来宾都坐好了，信陵君亲自驾着马车，到城门口去迎接侯嬴。侯嬴毫不客气，连一句谢谢都没说，径直上了车。信陵君态度更加恭敬了。

　　走着走着，侯嬴说："我有个朋友，在市场上卖肉，我想去看看他。"信陵君说："好的。"于是就驾着车去了市场。走到卖肉的摊位前，侯嬴下了车，与他的朋友屠（tú）夫朱亥（hài）有一搭没一搭地聊着家常。信陵君就站在一旁，既不催促他，也没有半点儿不耐烦的神情。

　　此时，信陵君府上的宾客都在等着信陵君回来，眼看时间已经过了中午，信陵君却迟迟不回来。市场上的人们看到信陵君亲自驾车迎接一个寒酸的老头儿，都觉得很奇怪。信陵君身边的随从见侯嬴一点儿礼貌都没有，暗自骂老头儿不识抬举。只有信陵君仍然礼貌地站在一边，对侯嬴和屠夫朱亥充满了尊重。侯嬴看到信陵君的表现，心里非常满意，这才跟朱亥说再见，上了车。

到了信陵君府上，信陵君请侯嬴坐在最上座的位置，向宾客们隆重介绍了这位隐士，并且恭敬地向侯嬴敬酒。侯嬴这才站起身来，向信陵君鞠躬行礼，并礼貌地说："我只是一个小小的城门守卫，也没有什么了不起的本事，承蒙公子看得起，亲自驾车来接我。我不仅没有表现得受宠若惊，还态度傲慢地让您陪我去最杂乱的市场，让您很没面子。我并不是不识好歹，而是想要为您博得一个美好的名声。今天一圈走下来，世人都认为我侯嬴是一个没礼貌的人，而您信陵君是一位礼贤下士的仁者，这样一来，天下人都知道您的美名啦！"

侯嬴还告诉信陵君："我的那位朋友朱亥，武功高强，为人忠诚，只可惜世人并不了解他的才能，所以才隐居在市场中做屠夫。"于是信陵君又好几次去邀请朱亥，可朱亥都拒绝了。

侯嬴献计窃虎符

过了几年，秦国攻打赵国，赵国向魏国求助，但魏王因惧怕秦国，不敢出兵。情急之下，信陵君带着一百多辆车马，怀着必死的决心，慷慨悲壮地出城去救赵国。路过城门口，信陵君下马来向侯嬴辞行："先生，我这次去凶多吉少，日后可能不能再见到您了，您多保重！"

侯嬴说："那您加油吧，我是不能跟您去了。"

信陵君走了一段路，心里越想越气："我对侯先生这么好，天下人都知道，今天我要去赴死了，侯先生却连一句送别宽慰的话都没有，难道是我有什么失礼的地方吗？"于是信陵君就停下脚步，策马回到城门口找侯嬴。

侯嬴似乎算准了信陵君会回来，正在城门口笑着等他。"我就知道您会回来的。"侯嬴说，"您今天带着这点儿人马去赵国，相当于把肉送到老虎嘴里。我不能眼睁睁地看您去送死，所以没有礼貌地送您，就是希望激您回来听听我的计策。"

侯嬴神神秘秘地把信陵君拉到一个没人的角落，低声说："我有一个计策，可以发兵救赵。我听说，大王的兵符就藏在卧室里，谁能拿到呢？当然是最得大王宠爱的如姬。当年如姬的父亲被人杀害，三年都没有找到凶手，是公子您派门客捉拿了凶手，并且把凶手的头砍下来献给了如姬，为她报了杀父之仇。如姬

对您感恩戴德，一直苦于没有机会报答您。若您请她偷出兵符，她一定不会拒绝的。得到兵符后，您就可以调动晋鄙（bǐ）的军队去援救赵国了。"

信陵君听了侯嬴的计策，去请如姬帮忙。如姬果然替他偷来了兵符。信陵君带着兵符再次出城，侯嬴又拦住了他："我还有一件事情要叮嘱您。如果晋鄙不相信您，派人回来向大王核实情况，那事情就危险了。到时候，晋鄙听话当然好；如果不听，您就杀了他。您带上朱亥，他是个大力士。"

信陵君听后，默默地哭泣起来。侯嬴问："您害怕了吗？"信陵君说："不，不是我害怕。晋鄙是魏国的老将了，忠心耿（gěng）耿，劳苦功高，恐怕他不会轻易被我糊弄，一想到势必要杀他，我就很难过。"

信陵君去请朱亥，朱亥说："我只是一个屠夫，承蒙公子不弃，多次来市场看我。我之所以没有向您表示感谢，是觉得那些虚的客套话没意义。今天既然您需要我，我愿意把命交给您。"

临行前，侯嬴对信陵君说："我老了，不能随您同行了。我会在这里算着日子，等您到晋鄙军队的那一天，我就在这里向着您的方向自杀，以报答您对我的知遇之恩。"

赵国危难解除

信陵君到了晋鄙军中，拿出兵符，假托魏王的命令来接管军队。晋鄙说："我带领十万大军，奉大王之命驻扎在这里，如今您单车匹马前来，我不相信您的话。待我派人回去核实，再做定夺。"朱亥见事情果然如侯嬴所预料，就举起藏在袖子里的四十斤重的大铁椎（chuí）杀死了晋鄙。

信陵君取得兵权后，发布了一道军令："如果父子都在军中，父亲可以回家；

兄弟都在军中，哥哥可以回家；如果是家中的独生子，可以回家去奉养父母。"如此，留下了八万无牵无挂的勇士。将士们视死如归，果然打败了秦军，解救了赵国的危难。

赵王前来迎接信陵君，平原君亲自为信陵君牵马，感谢他对赵国的大恩大德。从此，信陵君就留在了赵国。

在信陵君到达晋鄙军中的那天，侯嬴按照承诺，面向赵国的方向自杀了。

（故事源自《史记》）

虎符是怎样使用的？

"符"是中国古代常用的一种信物，一般分为两半，两半相合，就能作为实现约定的凭证。"符合"一词就是从这里来的。我国古代兵符多制成虎形，因此兵符也叫虎符，是古代君主授予臣属兵权和调动军队的信物。虎符分为左右两半，右半符留在君主手中，左半符颁发给屯驻在外的军队将领。调兵时，由使者持右半符前往，军队长官将右半符与左半符验合后，军队即按使者传达的命令行动。

你怎么看？

信陵君去迎接侯嬴的那天，侯嬴为什么要故意刁难他呢？

荆轲刺秦王

太子丹谋划刺秦王

秦国吞并六国的脚步越来越快了。赵国已经败在了秦军的铁蹄之下，燕国岌（jí）岌可危。

燕太子姬丹对老师说："老师，难道我们燕国就要灭亡了吗？"老师说："我听说有一位田光先生，有扶危救困的才能，您去请教他吧。"于是老师就带着太子丹去拜访田光。

田光对太子丹说："一匹好马，在壮年的时候，可以日驰千里。可等它老了，就算是一匹劣（liè）等马也能跑到他的前面。您听说的是我壮年时候的事了，我现在已经老了，无法再帮助您冲锋陷阵了。我向您推荐一位勇士，名叫荆轲（kē），您可以倚（yǐ）仗他。"

荆轲是个浪迹天涯的武士，为人沉稳勇敢，正是太子丹需要的人选。太子丹有一个伟大的计划，一个不仅能够保存燕国，还能够恢复六国的计划：选出一位勇士，劫（jié）持秦王，威胁他归还侵占各国的土地；如果不能劫持他，就杀掉他，造成秦国的内乱，东方各国趁机联合起来，一定能打败秦国。

荆轲听了太子丹的计划，沉默了许久。

太子丹再次上前向他行礼，请求他为天下人勉为其难。

荆轲答应了，他说："既然您这么信任我，将如此重任交到我身上，那我就将生命交给您吧。但是，想要接近秦王，必须得到他的信任，否则事情就不可能成功。"

太子丹说："这个好办，我们可以假装投降，献上一些土地。秦王贪婪，一定会放松警惕（tì）的。"

荆轲说："不，这还不够。仅仅是一些土地，并不能得到秦王的信任。除非，我们献出一个他想要的人。"

名言名句 风萧萧兮易水寒，壮士一去兮不复还（huán）！（〔战国〕荆轲）

太子丹忙问："先生说的是谁呢？"

荆轲说："就是逃亡到燕国，被您收留的秦国将军樊（fán）於（wū）期（jī）。樊於期得罪了秦王，秦王恨他恨得牙痒痒，悬赏千金捉拿他。如果我们能够献上樊将军，秦王势必很高兴，一高兴就容易放松警惕，我的机会就来了。"

太子丹说："樊将军在秦国走投无路才来投奔我的，我怎么忍心把他交出去呢？这样也太不仗义了。我们还是想别的办法吧。"

荆轲知道太子丹不忍心，就私底下悄悄去找樊於期将军。他对樊将军说："秦王杀了您的全家，还重金悬赏您的人头，您和秦王之间的仇恨实在是太深了！"

樊将军含着热泪仰天长叹："是啊！每当想起这个，我真是痛入骨髓（suǐ）。我的余生只想报仇，无奈没有想出好办法。"

荆轲说："我倒是有一个好办法，既可以保全燕国，又可以为将军报仇，只看将军愿不愿意。"

樊於期激动地握住荆轲的手，说："只要能报仇，任何代价我都在所不惜。"

荆轲说："既然您这样说，我就不客气了。我要带上您的项上人头和燕国的地图前往秦国献给秦王，秦王一定会特别高兴，对我放松警惕，然后我就左手抓住他的衣袖，右手将匕（bǐ）首刺进他的胸膛。这样，将军的大仇就报了。"

樊於期听了痛快地大笑："这是令我日日夜夜难以入眠的仇恨啊！我怎么没有早一点听到您的教诲（huì）呢！"说罢，就拔剑自杀了。

壮士英勇出发

荆轲获得了樊於期的人头，太子丹也准备好了最锋利的匕首，并且在匕首上涂了见血封喉的毒药，只要稍稍割破皮肤，秦王就死定了。

太子丹催促荆轲赶紧出发，荆轲却说："我还在等一个人。此去，我需要一个帮手，这个人必须勇敢镇定。"太子丹说："我手下刚好有这么一个人，

名叫秦舞阳，是燕国有名的勇士。他非常凶猛，13岁就杀人，一般人都不敢直视他。"

荆轲没有等到他想等的人，在太子丹的一再催促下，只好带着秦舞阳出发了。

临走的那一天，太子丹和宾客们都穿着丧服为荆轲送行。远送至易水边，凛冽（lǐnliè）的寒风吹来，大家都感到非常悲壮。荆轲一边向前走，一边唱着："风萧（xiāo）萧啊易水寒，壮士这一去啊就不再回来！"

刺杀失败

荆轲和秦舞阳作为燕国的归降使者来到秦国。秦王得知他们带来了樊於期的人头和燕国的地图，非常高兴地召见了他们。

荆轲捧着装有樊於期人头的匣（xiá）子，秦舞阳捧着地图，向殿上走去。一

向以勇猛著称的秦舞阳，此时却吓得浑身发抖，满头大汗。

秦王起了疑心，问秦舞阳是怎么回事，秦舞阳哆嗦（duōsuo）得说不出话来。荆轲回头对秦舞阳笑了笑，又跪下对秦王说："他一个乡下人，从来没有见过大世面，今天见到大王的威严，所以心惊胆战。希望大王能够宽容他，让他完成使命。"

秦王检查了樊於期的人头，又让荆轲把秦舞阳端着的地图打开。荆轲走上前去，慢慢把地图打开。当地图的卷轴快要完全打开时，藏在其中的匕首露了出来。

图穷匕见（xiàn）：地图展开后匕首出现了。比喻事情发展到最后，真相或本意露出来了。

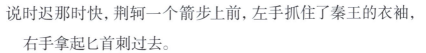

说时迟那时快，荆轲一个箭步上前，左手抓住了秦王的衣袖，右手拿起匕首刺过去。

秦王大惊，本能地起跳，躲开了匕首，衣袖也断裂成两截。秦王腰间配有长剑，他想拔剑反击，可是剑太长了，剑鞘（qiào）又紧，慌乱之中竟然拔不出来。

荆轲追，秦王躲，两人在殿上绕着柱子跑。殿下的大臣从来没有见过这样的场面，全都吓呆了。而且，按照秦国的律法，大臣进殿从来不允许携（xié）带任何武器，侍卫只能守在殿外，没有秦王的命令不准进殿。

尽管如此，荆轲要在大殿中抓到秦王，依然不是一件容易的事。就在两人僵（jiāng）持的时候，秦王的侍从大喊："大王，您把剑扛到背上，就可以拔出来了。"秦王照办，果然拔出了长剑。

当秦王获得了兵器，两人之间的攻守形势就发生了变化。荆轲的匕首短，必须靠近秦王的身体才能伤到他。可是秦王的剑长，隔着很远的距离就可以刺伤荆轲。秦王用长剑刺伤了荆轲的腿，荆轲摔倒在地上，只好用力把匕首扔向秦王，可惜没有击中。这时，侍卫们冲上来，杀死了荆轲。

秦王受到了惊吓，他大发雷霆（tíng），下令攻打燕国。燕国打不过秦国，想要求和。燕王怪罪太子丹惹怒了秦王，就杀了太子丹，要用他的人头给秦王消气。五年后，秦国还是灭掉了燕国。

荆轲死了，太子丹也死了。但这个故事还没有结束。荆轲有一位好朋友，名叫高渐离，是一个音乐家，擅（shàn）长演奏一种叫作筑的乐器，是天下的击筑艺术大师。他听说了荆轲的死讯，发誓要为他报仇。这时候，秦王已经灭了六国，自称为始皇帝了。秦始皇四处捉拿荆轲的同党，高渐离放弃了隐姓埋名的生活，被抓到秦宫中。秦始皇爱惜高渐离的音乐才华，不忍心杀他，就熏（xūn）瞎了他的眼睛，让他留在秦宫。高渐离每次击筑，秦始皇都觉得很好听，于是就更加亲近他了。高渐离感到机会来了，他悄悄地在筑里面放进沉重的铅块儿，在为秦始皇击筑的时候，用尽全身力气将筑向秦始皇砸去。可是高渐离看不见，并没有砸中秦始皇。

最后，秦始皇杀了高渐离，并且一生都不敢再亲近任何从前六国的人了。

（故事源自《史记》）

知识卡片

千乘(shèng)之国

我们常常在书中读到"千乘(shèng)之国"，什么是"乘(shèng)"呢？春秋战国时期，打仗使用兵车，兵车的单位就是"乘"。兵车一乘包括：四匹马拉一辆车。一个国家的军事力量如何，往往看它拥有兵车多少乘，比如"千乘之国""万乘之国"。

你怎么看？

是秦舞阳的退缩导致了刺杀行动的失败吗？